成就

优秀管理者
成就自己

卓越管理者
成就他人

[美] 埃里克·施密特（Eric Schmidt）
[美] 乔纳森·罗森伯格（Jonathan Rosenberg）
[美] 艾伦·伊格尔（Alan Eagle） 著

葛仲君 译

TRILLION DOLLAR
COACH
The Leadership Playbook
of Silicon Valley's Bill Campbell

中信出版集团 | 北京

图书在版编目（CIP）数据

成就：优秀管理者成就自己，卓越管理者成就他人 /
（美）埃里克·施密特，（美）乔纳森·罗森伯格，（美）
艾伦·伊格尔著；葛仲君译. -- 北京：中信出版社，
2020.4（2020.4重印）

书名原文：Trillion Dollar Coach：The Leadership Playbook of Silicon Valley's Bill Campbell

ISBN 978-7-5217-1268-1

I.①成… II.①埃… ②乔… ③艾… ④葛… III.①企业管理－通俗读物 IV.① F272-49

中国版本图书馆 CIP 数据核字（2019）第 268357 号

Trillion Dollar Coach by Eric Schmidt, Jonathan Rosenberg, and Alan Eagle
Copyright © 2019 by Alphabet，Inc.
Simplified Chinese translation copyright © 2019 by CITIC Press Corporation
Published by arrangement with author c/o Levine Greenberg Literary Agency
Through Bardon-Chinese Media Agency
ALL RIGHTS RESERVED

本书仅限中国大陆地区发行销售

成就——优秀管理者成就自己，卓越管理者成就他人

著　者：［美］埃里克·施密特　［美］乔纳森·罗森伯格　［美］艾伦·伊格尔
译　者：葛仲君
出版发行：中信出版集团股份有限公司
　　　　　（北京市朝阳区惠新东街甲 4 号富盛大厦 2 座　邮编　100029）
承　印　者：北京楠萍印刷有限公司

开　　本：787mm×1092mm　1/16　　印　张：17　　字　数：157 千字
版　　次：2020 年 4 月第 1 版　　　　印　　次：2020 年 4 月第 2 次印刷
京权图字：01-2019-2766　　　　　　　广告经营许可证：京朝工商广字第 8087 号
书　　号：ISBN 978-7-5217-1268-1
定　　价：68.00 元

版权所有·侵权必究
如有印刷、装订问题，本公司负责调换。
服务热线：400-600-8099
投稿邮箱：author@citicpub.com

献给比尔

大咖推荐

无论什么时候见到比尔,他都能在重要的问题上给我非常棒的见解。他关注的核心是你生活里的那些人。比尔非常重视社群以及把人凝聚在一起的那些原则。《成就》详细阐述了这些原则,它们也是谷歌领导层培训的核心内容,由此公司的所有领导者都可以继续向比尔学习。

——谷歌首席执行官 桑达尔·皮查伊(Sundar Pichai)

比尔对创新和团队协作的热情是苹果公司和这个世界的一笔财富。《成就》捕捉到了他永不倦怠的精神,从而让后辈们有了向我们这个行业最伟大的领导者之一学习的机会。

——苹果公司首席执行官 蒂姆·库克(Tim Cook)

比尔在分享智慧时慷慨且不计回报。我曾有幸在数年之中接受过他的指导,那之后有人向我咨询建议时,我都会想起比尔,并尝试实践他列举过的那些案例。

——脸书首席运营官 谢丽尔·桑德伯格(Sheryl Sandberg)

每当要做艰难抉择时,我都会想到比尔·坎贝尔。比尔会怎么做?他有一种天赋,可以帮助别人认识到自己的全部潜能,让组织更好地协作共进。

——YouTube首席执行官　苏珊·沃西基(Susan Wojcicki)

比尔·坎贝尔是个世界级的倾听者、名满天下的教练,也是我见过的最具智慧的人。他志向远大、热心助人、做事靠谱、坦诚直率,他一手打造了今天的谷歌以及其他数十家企业的文化。

——风险投资公司KPCB董事长　约翰·多尔(John Doerr)

无论在商界还是生活中,那些成功的、有才华的、多样化的团队,只有放下自我,才能取得胜利。《成就》让读者了解到,是哪些东西塑造了比尔的领导风格,并让它真正行之有效。

——风险投资公司Bond Capital合伙人、"互联网女皇"
玛丽·米克尔(Mary Meeker)

目 录

推荐序一 / III
硅谷传奇的另一面　曾鸣

推荐序二 / VII
如何打造伟大的公司　吴军

推荐序三 / XIII
成就他人的管理智慧　李开复

前　言 / XIX
硅谷的至高机密　亚当·格兰特

开　篇 / 001
万亿美元教练比尔·坎贝尔

第一章 / 031
头衔让你成为管理者，员工让你成为领导者

第二章 / 087
信任是基石

第三章 / 123
先解决团队问题，再解决问题本身

第四章 / 181
愿景和热爱，是公司的核心和灵魂

结　语 / 219
有违商业直觉，但影响深远

致　谢 / 229

注　释 / 235

推荐序一

硅谷传奇的另一面

曾鸣
阿里巴巴集团前总参谋长
《智能商业》《智能战略》作者

真正的"成就",不是世俗意义上的成功,而是成就他人,成就自己。商业领域也一样。成就的源头是对人,对 the wholesome person(健全个体)的尊重和爱。这是《成就》最重要的观点。

这肯定不是流行的成功学,却是我们这个时代最需要的精神。让人信服的是这些看似"反潮流"的观点,来自商业上最成功的硅谷最前沿。

坎贝尔的成就见证了这一点。本书不是传统意义上的英雄传,坎贝尔的人生故事平淡无奇,但他却是真正意义上的传奇。书中提到的直接受惠于他的指导的人名单，几乎就是完整的硅谷名人录。这是英雄们对于布道者的赞歌。

这本书最大的价值并不在于坎贝尔的故事有多精彩，或者他提出了什么了不起的新管理理念。相反，他一生奉行的，只是视人为人，真正关心人，关心人的成长和价值，他陪伴过的创业英雄，都从他那儿汲取了爱和勇气，变得更为完整和纯粹，从而更坚定地创造价值。然而，在今天的商业社会，这样的常识已经被太多人遗忘。所以，坎贝尔的伟大正在于，坚守常识对他来说是如此平常和自然。伟大的平凡，平凡的伟大。

"要成为优秀的管理者，必须先得是优秀的教练。说到底，一个人的职位越高，他的成功就越取决于能否让别人取得成功。从本质上讲，这也恰恰是教练的责任。"坎贝尔的努力，重新诠释了教练的角色，将安全、清晰、重要性、可靠性和影响力植入了他指导的每一个团队。

坎贝尔为什么对硅谷的天才们有如此深远的影响？源于他对人的尊重，对常识的坚守，让天才们的创造力不致偏离对人和人性的思考和关注，不致失去敬畏心。

特别需要对不熟悉硅谷的中国读者指出的，是作者试图描述的坎贝尔的平常和自然。他和乔布斯经常散步的那几条街也是我天天散步的地方，他担任女子橄榄球队教练的高中，是我很多朋友的孩子们读书的地方，参加孩子们的各种课外活动本来就是硅谷家长们的日常。

在乔布斯和马斯克的高光背后，是一批类似坎贝尔这样的人构成了硅谷传奇的另一面。没有太多的波澜壮阔，却静水流深地滋润着一代代创业者，这是商业文明的底蕴。

中国经济毫无疑问在经历艰难的转型。但我相信，在隧道的那一头，肯定会有类似坎贝尔这样的人，肯定会有这样质朴而坚定的创业文化。那才是商业真正让人振奋的力量。平常心才是真正成熟的表现。

很遗憾，我没能亲身接受坎贝尔的教诲。但这本书我读了好几遍，至少让我部分感受了他的力量和魅力，高山仰止。斯人已去，但他的精神在延续。

这是一本让人耳目一新的书，也是当下我们最需要的一本书。回归人性，回归常识，不再把商业和活生生的人割裂，这才是智能时代需要的商业文明和智慧。

推荐序二

如何打造伟大的公司

吴军

硅谷投资人,《智能时代》作者

  我非常有幸能够为施密特博士和罗森伯格的新书《成就》撰写序言,这是他们二人继《重新定义公司》之后的又一本力作。作为和两位作者有着 8 年工作交集的谷歌老兵,我读这本书倍感亲切。书中所描绘的场景我再熟悉不过了,但是当施密特和罗森伯格将那些企业管理之道中最精华的东西总结出来,我再重温一遍时,还是感到收获巨大。

  施密特博士 2001 年到 2011 年担任谷歌的首席执行官,而我入职谷歌则是在他到谷歌的半年之后。那时谷歌正经历着从一家百人的小公司向世界 IT 产业巨头转变的过程,而我有幸经历了这个过程。在施密特到谷歌之前,它还只是一家技术领先、文化宽松、产品卓越的创业公司。当时公司员工的平均年龄不到28岁,绝大部分人都是第一次参加正式的工作,公司充满活力,发展迅速,营收也不错,但是那时绝没有能力挑战世界上那些巨无霸的企业,甚至在互联网行业里还要让雅虎三分。至于做事的规范性,更没有达到一家伟大公司应有的水准。施密特接手的是这样一家公司。到2011年施密特交出谷歌时,它已经是全球最有影响力的公司之一了,并且一度成为世界上市值最高的公司。可以讲,施密特之于谷歌,堪比安迪·格鲁夫之于英特尔。

那么,施密特是怎样将谷歌从一家小企业打造成世界上最成功、最有影响力的IT企业之一的呢?

首先,是培养大家做事的规范性。在2001年之前,谷歌发展良好,业绩增长很快,但这在很大程度上是靠早期员工的个人能力。我在《浪潮之巅》中介绍了很多谷歌早期的"超级英雄"。但是,当一家企业发展到几千人、上万人时,不可能再涌现那么高比例的"超级英雄",即使能做到,这些人的个性也会让那个大组织崩溃。施密特了不起的地方在于,他能够在延续谷歌早期文化的同时,对谷歌进行规范化的改造,让那些通过个人的偶然性的成功,变成必然性的结果。在施密特担任首席执行官期间,谷歌开发了Adsense(基于网页内容的广告系统)、谷歌地图、谷歌文档(Docs)、谷歌翻译、无人驾驶汽车,并购了YouTube和安卓。正是这些持续成功,才让谷歌今天依然能傲视全球各大IT公司。

其次,是打造人才梯队,不断培养创新人才。这件事是由施密特和另外几位在2001—2002年进入谷歌的高级经理人一同完成的。在这些人中，特别要提的是施密特的直接下属，主管整个研发的尤斯塔斯博士和本书的另一位作者罗森伯格先生。在他们的共同努力下，谷歌为每一位员工设计了职业发展通道，并且由相关的专业人士和职业经理人指导。这使得谷歌成了IT行业的黄埔军校。今天在中国颇有影响力的小米、拼多多、创新工场和快手等企业，创始人或者联合创始人都来自谷歌。在硅谷，风险投资基金有这样的统计，从谷歌出来的创业者创业成功的概率，要远远高于行业的平均水平。相比之下，有些大企业虽然营收水平不错，但是在人才培养上却乏善可陈，难以成为伟大的企业。

谷歌对人才的培养不仅仅在专业技能和企业管理方面，而是全方位的。事实上，罗森伯格是我们的第一位投资导师，他还请来了威廉·夏普（诺贝尔经济学奖获得者）和马尔基尔（《漫步华尔街》的作者）等人给大家讲投资课。今天中美两国的不少风险投资人，最初系统地学习投资，都是在谷歌期间，虽然他们当时在谷歌的本职工作并不是投资。

最后，值得一提的是，施密特和罗森伯格都是谷歌全球化，特别是该公司进入中国的倡导者。2004年，施密特了解了我的工作，大加赞赏并且直接推动谷歌进入中国开展业务。虽然当时最高管理层对此有分歧，但他和罗森伯格一直在积极推进此事，并且说服了其他高管，正式开设了在中国的业务。后来，施密特博士还多次直接和中国的运营商以及相关部门商谈合作的可能性。虽然今天谷歌在中国的业务并不大，但是施密特和罗森伯格等人的全球化眼光和只争朝夕的做法，确保了谷歌在全世界的影响力。我记得在内部会议上，施密特多次强调全球化的重要性。今天谷歌一大半的收入来自海外，施密特对此功不可没。此外，施密特也是最先倡导谷歌向移动互联网转型的人，我记得早在 2004 年，他就预言将来移动互联网的流量将超过 PC 互联网。

讲到这里大家可能有一个疑问，施密特和罗森伯格等人难道是天生的管理人才吗？他们在培养下属之前，自己是如何学习管理经验的？这就要讲到本书的主角，施密特和罗森伯格等人的导师比尔·坎贝尔了。事实上这本书的英文副标题"硅谷比尔的领导力手册"正反映了本书的内容。比尔·坎贝尔自己虽然也不是学管理出身的，但是他从多年的科技行业工作经验中，总结出信息时代和工业时代管理方法的不同之处，并且成功地影响了很多知名的商业巨子。除了谷歌的诸多高管外，还有苹果公司的创始人乔布斯和亚马逊公司的创始人贝佐斯。

坎贝尔的管理思想和人才培养方式有这样四个特色：

1. 强调在 IT 企业里规范管理的必要性

今天很多人觉得 IT 企业需要灵活性，管理要松散些，甚至觉得公司的组织架构越扁平越好。比如不少企业经常出现一个副总裁或者首席执行官下面有上百个直接汇报者的情况。这些看似灵活的管理方式，其实是管理不善的表现。除了公司在成长之后难以维持效率之外，对每一个员工的成长也不利。当谷歌从小公司变成中型公司的时候，很多人希望从单纯的工程师变成技术管理者，而他们当时最需要的不是有人再给他们传授更多的专业知识，而是有一个导师一样的管理者帮助他们全方位地成长。施密特、尤斯塔斯和罗森伯格来到谷歌之后，就为大家做了这件事。今天中国很多创业公司难以完成从小公司到中型公司的转变，管理水平跟不上业务的发展是至关重要的原因，那些创业者和管理者应该借鉴本书中的一些建议。

2. 强调IT企业管理和传统工业企业的差异

虽然IT企业需要管理，但是管理的方式绝不能和传统的工业企业一样，因为它们要管理的是知识型员工。那种只动口不动手的经理人，在IT企业中是没有存在的必要的，也是难以立足的。坎贝尔认为，IT企业需要新型经理人，他们是通过下属对他们的信任，而非公司赋予的权威来管理团队的。在谷歌这样的企业，大量的管理者是技术专家，他们是通过自己对行业更深入的认识，让下属跟着他们走。就以施密特本人为例，外界很少知道他早年是UNIX操作系统的专家，也是该操作系统词法分析器软件Lex的作者，后来他当选了美国工程院院士。技术人员们在和施密特的交流中，永远不会有"和外行讲东西"的感觉，而是会觉得在和一个行业里有经验的老兵取经。

3. 强调服务型管理

坎贝尔强调管理是对下属提供服务。这一点我深有体会，我在谷歌的几个上级，包括阿米特·辛格、诺威格和尤斯塔斯等人，都一直强调他们是我的资源，需要什么尽管找他们。事实上我也是不断在利用他们的支持开展工作的。IT企业管理者的任务，是协调好资源和各方面的关系，保证企业的业务以最快的速度、最好的结果发展，而不是炫耀自己的权力。

为了做到服务型管理，好的管理者必须成为好的倾听者，他们能全神贯注地倾听别人的意见，然后能够找出真正的问题所在，并且给出建议。

4. 强调管理者自身水平的提高和管理效率

坎贝尔认为每个管理者都需要学习并接受专业的培训，那些根据自己以往有限经验，自作聪明的人是无法胜任更高的领导岗位的。罗森伯格对此深有感触，并且在书里讲了一段他自己的经历。当一个管理者愿意放下架子学习，经过一段时间的锻炼，在管理能力上就会有质的飞跃。根据坎贝尔的看法，乔布斯在苹果的第一段经历说明他还不是一个合格的管理者。但是乔布斯经过后来近十年的学习和锻炼，终于脱胎换骨，成为全球最好的管理者之一。

管理者除了要不断提高自身水平外，还要讲究管理的效率，毕竟 IT 企业的管理者比例不应该很高。坎贝尔反对搞任何方式的形式主义，比如在做 PPT 时，不要搞一堆花里胡哨的东西，要有实质内容，要关注细节。

《成就》这本书对所有的管理者和知识型员工，都会有所启发。本书通俗易懂，由于是作者们根据亲身经历写成，很有代入感，我一口气读完全书，受益匪浅。因此，我郑重将此书推荐给广大的中国读者。

推荐序三

成就他人的管理智慧

李开复
创新工场董事长兼首席执行官

2019年初，当这本书的英文版 *Trillion Dollar Coach* 面世时，我就迫不及待地拜读了，并在推特上向朋友们做了推荐。感谢埃里克和乔纳森，他们的工作，让比尔·坎贝尔这位习惯隐身幕后的商业教练，能影响到更多杰出的企业家和商业管理者。

很高兴看到中文版的出版，让中国读者也能了解这位硅谷传奇教练的故事。比尔既是一位耐心的教练，也是一位真诚的朋友。

怀念比尔

与比尔的第一次交集，发生在我供职于苹果公司时。

当时我负责苹果公司语音识别项目的研究，受美国早间电视节目《早安美国》邀请，与苹果公司时任首席执行官约翰·斯卡利一起，演示我们最新开发的语音识别技术——Casper 语音助理。

演示进行得很顺利，更改字号，更改字体，打开/退出程序，设定日历……Casper 都在很短时间内根据人的语音指令完成操作。这台能够"给予回应"的计算机甚至让苹果的股票涨了两美元。

其实，搭载 Casper 的文字处理软件"MacWrite"，由苹果子公司 Claris 开发，而比尔就曾多年担任这家公司的首席执行官。

事实上，在斯卡利带着我去《早安美国》演示之前，比尔曾向我们表达了把语音识别技术加到 MacWrite 里面的愿望，并最终促成了这次成功的演示，这项技术也被加入后续更新的 MacWrite 产品中。

在这之后，我与比尔有过多次交集，但大部分情况下都是我向他求助。在我看来，比尔不仅是一位博学的老师，还善于帮别人化解难题。橄榄球队教练的背景，也让他有意愿帮助别人得到自信，做更好的自己。

我听过很多比尔与谷歌前首席执行官埃里克·施密特，以及比尔与谷歌创始人拉里·佩奇和谢尔盖·布林的故事，在这本书里都有忠实的记录。他与苹果公司创始人史蒂夫·乔布斯的友谊更是让人感慨。比尔既是乔布斯的朋友，也是他的老师，两人一直保持亲密的信任关系。乔布斯1997年回归苹果公司后，便邀请比尔加入董事会。比尔一共待了17年，于2014年卸任，是苹果董事会中任期最长的一位。

这位杰出的教练，不仅极富同情心和商业管理头脑，对商业、产品、战略有清晰的洞见，总是能够一针见血地指出问题所在，还拥有充沛的精力，以及愿意助人的品质。

2009年，我离开谷歌后创办了帮助中国年轻创业者的平台——创新工场。一位中国的创业者因为产品被苹果应用商店封杀而求助于我，我因此写了一封长信给比尔，希望他能帮忙。

当时正值美国的圣诞节假期，但比尔很快回信："开复，我会尽快处理这件事。假期期间有些困难……但我会尽力而为。"感谢比尔的帮助，这位中国创业者的产品最终成功解封。

比尔和我都曾在哥伦比亚大学读书，但他是早我20多年的学长。在哥大取得学士及硕士学位10年后，比尔回到学校担任橄榄球校队总教练，因此他对哥大怀有深厚的感情。

2005年，比尔当选哥伦比亚大学董事会主席。他非常勤奋负责，哥大凡有会议需要他，他都会飞到纽约，我们因此多次在哥大的活动上碰面。

有一次，比尔发电邮给我："开复，哥伦比亚大学想给你颁一个奖，我想和你谈谈这件事。早上可以给我打个电话吗？"

随后我们做了详细的电话沟通。2013年3月，哥伦比亚大学为我和另外4位杰出校友颁发了年度约翰·杰伊奖（John Jay Awards）。我虽然未能到现场领奖，但对比尔的细心和责任心至今仍心存感激。

2016年4月，比尔因癌症去世，享年75岁。在生命的最后几年，比尔一直和癌症抗争，但最终还是永远地离开了他的朋友们。他把一生的热情奉献给了最爱的商业教练事业，留下了"硅谷教练"的美名，度过了传奇的一生。怀念比尔！

朴素的管理哲学

商业教练在中国并不多见，在硅谷却非常普及，很多伟大的公司背后都有商业教练的身影。

这是因为，再优秀的管理者，也常常会有视野盲区和能力边界。更重要的是，一家公司的成功，并不仅仅依赖某一位超级英雄式的管理者，还需要强大的团队。因此，为了保证最好的训练效果，比尔指导的不仅仅是个人，更是整个团队。

作为团队指导的一部分，本书提到了谷歌独特的开会方式。在每周全员会议开始前，谷歌经常以"周末做了什么"环节为开场，两位创始人拉里·佩奇和谢尔盖·布林也会参与，类似风筝冲浪的逸事、极限健身的近况，经常能引起同事们的浓厚兴趣。这样的沟通策略，是比尔和埃里克一起改进的成果，目的在于创造有趣的工作环境，消除紧张的职场氛围，增进同事情谊。

这也是比尔作为商业教练最重要的理念之一——"人最重要"。人是所有公司成功的基础，而优秀的管理者懂得如何创造一种充满能量的环境，并通过支持、尊重和信任，帮助优秀的员工实现卓越和成长。

我非常认同比尔的理念。优秀的管理者不仅是因为头衔,更来自员工的认可。一位真正关心公司、关心员工的人,往往会获得职级之外的拥戴,这种能力就是我们常说的领导力。

在构成领导力的诸多要素中,同理心必不可少。作为企业管理者,最重要一点就是要尊重和信任员工们的想法和意见,能够设身处地、将心比心地沟通与共事。最优秀的人都希望被信任,只有在一个充满信任和支持的环境中,员工们才会发挥最大的创造力。

但领导力并非与生俱来,诸如"谦虚""执着""勇气"这些优秀的品质更多靠后天学习。希望年轻的读者们及早检视自我,更认清自己的长板短板,不断提高自己的领导力,或者寻找可帮助自己的领导力教练。

在比尔的管理哲学中,愿景和热爱是公司的核心和灵魂,他尤其敬重那些有勇气、有技能的初创企业创始人,因为他们每一天都面临巨大的困难,但仍然坚信自己无论如何都能成功。

我是比尔这一理念的忠实践行者。创新工场创办的初心,就是为了帮助有梦想的年轻创业者。在创新工场10周年生日那天,我在微博中写道:10年前的今天,创新工场成立。我们从天使投资到VC+AI工程院,从移动互联网到AI时代,从1 500万美元到20多亿美元,一直没有忘记我们的初心:真心帮助年轻创业者,坚持做技术型投资人,让中国创新得到世界尊重。

加入创新工场的同事们也抱有这样的愿景。在一次内部会议上，一位同事的分享特别让我动容。他说:"其实世界上最伟大的一批人就是创业者。他们有自信，有理想，他们是有心改变世界，而且胆敢改变世界的人。人们有时候会认为他们是疯狂、偏执、天真的，但是只有他们真的能够改变世界。"

比尔的管理哲学并不深奥，有些甚至非常朴素，比如他始终关注人而非具体问题本身，为别人的成功欢呼，热爱团队，保持诚实和坦率。但困难的是，如何将这些理念日复一日地践行和传递。事实上，能做到这一点的人，无论从事哪个行业，都大概率会取得不俗的成就。

感谢比尔杰出的教练事业，让我们对人与商业有了更多的理解。比尔不仅是一位商业教练，某种程度上也是一位人生教练。他所坚持的商业管理原则，也适用于人际交往和日常生活，比如自律、热情、信任、尊重、勇敢。阅读本书，希望大家可以获得不同的感悟。

前 言

硅谷的至高机密

亚当·格兰特

沃顿商学院教授

近 10 年前，我在《财富》(Fortune)杂志上读到一个有关硅谷最高机密的故事。它既无关硬件，也无关软件，甚至都不是讲一件产品。它讲的是一个人的故事。这个人的名字叫比尔·坎贝尔(Bill Campbell)。他不是黑客，而是一个从橄榄球教练转行做销售员的男人。然而不知为何，比尔的影响力巨大，以至他每个周日都和史蒂夫·乔布斯(Steve Jobs)一起散步；谷歌的几位创始人则说，没有比尔，他们就不会成功。

比尔的名字听起来很耳熟，但我一开始却对不上号。最后，我突然意识到：在我以前讲过好几次的管理困境课里，讲到过苹果公司在20世纪80年代的一个案例，通过那个案例我知道了这个比尔。案例中，勇敢、聪明、年轻的经理唐娜·杜宾斯基（Donna Dubinsky）对史蒂夫·乔布斯本人的一项分销计划提出了疑问。比尔·坎贝尔正是唐娜上司的上司，他表现出了橄榄球教练的那种严厉的爱：他撕掉了唐娜的建议稿，促使她想出了更完备的方案，然后站出来支持她的想法。从那以后，我就再也没有听说过他，他此后几十年的职业生涯对我来说也一直是个谜。

《财富》杂志的报道让我明白了背后的一些原因：比尔喜欢把聚光灯打在别人身上，而他自己更喜欢待在阴影里。当时我正在写一本关于助人如何成就自己的书，我突然意识到，把比尔的故事写出来肯定非常吸引人。但怎样才能把一个拒绝引起公众注意的人写好呢？

于是我开始在网上搜集我能找到的关于他的一切资料。我了解到，比尔在体格上的不足，他在心智上补了回来。尽管身高只有5英尺10英寸（1.78米）、体重只有165磅（74.8公斤），但他是高中校橄榄球队的MVP（最有价值球员）。田径教练发现没人跑跨栏时，比尔自告奋勇。但由于跳得不够高，无法跨过栏架，他就直接跑过去，带着擦伤闯入了地区锦标赛。大学期间，他在哥伦比亚大学玩橄榄球，被选为队长，随后成为球队主教练，在连续6个赛季的失利中苦苦挣扎。他的致命弱点是什么呢？他太在乎手下的队员了。他不愿意让那些能力不足却全力以赴的队员坐替补席，也不愿意让明星队员们置运动于学业之上。他做教练是为了让他的队员们获得人生的成功，而不是为了赢得比赛。和比赛获胜相比，他对队员们的幸福感更感兴趣。

当比尔决定转行商界时，他在橄榄球队的老友们为他打开了大门。他们相信，比尔在体育这种零和对抗中体现出的弱点，却可能在公司环境下成为一种优点。不出所料，比尔最终成为苹果公司的高管和财捷集团（Intuit）的首席执行官。每次在我和一些以异常慷慨著称的硅谷人士交谈时，他们都会对我说同样的话：是比尔·坎贝尔塑造了他们的世界观。我不想打扰比尔本人，于是便开始接触那些曾接受过他指导的人。很快我就接到了一连串比尔的徒弟们打来的电话，他们把比尔比作父亲，并把他和著名主持人奥普拉（Oprah）相提并论。电话打到最后，我通常会匆忙写下十多个新的名字——这些人的生活也曾因比尔而改变，其中就有本书的作者之一乔纳森·罗森伯格。

当我在2012年与乔纳森取得联系时，他自作主张让比尔加入了我们的邮件对话。比尔拒绝接受采访，本书也因此缺少了一章——我没能亲口从他口中问明白，他是如何做到在为别人提供如此多帮助的同时，自己也能从中受益的。从那以后我一直在想，在这个理应只有索取者才能得到奖赏的领域，他是如何成为一个成功的给予者的？关于领导力和管理，我们又能从他那里学到些什么？

我很高兴地说，经过多年的思索，通过阅读本书，我终于有了自己的答案：要成为优秀的管理者，必须先得是优秀的教练。说到底，一个人的职位越高，他的成功就越取决于能否让别人取得成功。从本质上讲，这也恰恰是教练的责任。

在过去的10年里，我有幸在沃顿商学院教授核心团队协作和领导力课程。这门课程建立在缜密的研究基础上，而比尔·坎贝尔成功地预见到构建这些理论的证据，这让我印象深刻。他在20世纪80年代便实践了这些理论，而专家们直到几十年后才提出类似理论（验证理论则是更靠后的事情了）。令我吃惊的是，在比尔关于管理人和训练团队的洞见中，有许多仍然没能得到系统研究。

比尔领先于其所处的时代。在这个讲求协作的世界里，我们的职业生涯和公司的命运取决于人和人之间关系的质量，而对比尔经验的讲授正逢其时。我相信这些经验也是永恒的：比尔指导别人的方法在任何时代都会奏效。

教练正在流行。过去只有运动员和娱乐明星有教练，但现在，企业领导者都在接受高管教练，员工们也在向演讲教练学习。然而现实情况是，一个正式的教练只会看到事物的一小部分，在他看到的这部分里，你可以受益于他给予的反馈和指导。当教练是自己做主的事，每个人都能当下属、同事的教练，有时甚至能当自己上司的教练。

我渐渐意识到，对我们的职业生涯和团队来说，教练可能比导师更关键。导师送出的是箴言，教练则会挽起袖子亲自出手相助。他们会相信我们身上的潜能，更会进入战场，帮助我们兑现潜能。他们会举起一面镜子，让我们看到自己的盲点；他们还会让我们自己负起责任，想办法解决遇到的难处。他们承担了使我们变得更好的责任，却不会把我们取得的成就算作他们的功劳。我想不到比比尔·坎贝尔更优秀的榜样级教练了。

这话我可不是随便说的。我曾有机会在一些精英教练身边近距离学习，其中不仅有商界教练，也有体育运动方面的教练。作为一名跳板跳水运动员，我曾接受过奥运教练的指导；后来，作为一名组织心理学家，我还与波士顿凯尔特人队的布拉德·史蒂文斯（Brad Stevens）等优秀教练共事过。比尔·坎贝尔不仅是一位和他们一样的世界级教练，而且比尔还自成一派，因为他甚至可以就自己不了解的领域为别人提供指导。

2012年，也就是我放弃写比尔的那一年，我受邀在谷歌的一个全球性活动上发表演讲，谈我将如何以组织心理学家的身份管理这家公司。在谷歌开创性的人力资本分析团队工作几年后，我认识到一个明显的事实：公司里几乎所有伟大的事情都发生在各个团队里。这也是我在演讲中的观点：开始把团队而不是个人当作这家公司的基本组成部分。我在谷歌的同事们做得更好：他们发起了一项重要的研究，将其命名为"亚里士多德计划"（Project Aristotle），旨在发现公司里成功团队的显著特征。

他们发现的五大关键因素，其实可以直接从比尔·坎贝尔的领导力手册中找到。优秀的谷歌团队在心理上是安全的（大家知道，如果团队承担了风险，他们的经理总会支持他们）。这些优秀团队都有明确的目标，团队里每个岗位都很重要，团队成员都很可靠，而且大家都相信团队的使命能带来颠覆性的变革。通过本书你将看到，比尔是创造以上条件的大师——他尽了极大的努力，将安全、清晰、重要性、可靠性和影响力植入了他指导的每一个团队。

我和谢丽尔·桑德伯格经常抱怨说，每家书店都设有自我提升图书专区，却没有帮助他人图书专区。本书就应该放到帮助他人图书专区里：它是一本指南，可以让别人发挥出最好的一面，同时为他人提供支持和挑战，并对"以人为本"的理念给予比口头支持更多的东西。

比尔·坎贝尔的故事最棒的地方在于，随着对他了解的加深，你会发现，自己每天都有机会变得更像他。你可以做很小的事情，比如给见到的所有人以尊严和尊重；也可以投入更多的精力，比如花时间真诚地了解团队里的每一个人，直到记住像他们的孩子在哪里上学这样的细节。

比尔·坎贝尔不需要也不想要在书里被人介绍的荣耀，更不用说成为整本书的主角了。但对于一个一生都在奉献自己的真知灼见的人来说，公开他的秘密对我来说是对他应有的敬意。

开 篇

万亿美元教练比尔·坎贝尔

2016年4月一个温暖的日子,一大群人聚集在加州阿瑟顿市中心圣心学校的橄榄球场上,悼念小威廉·文森特·坎贝尔(William Vincent Campbell Jr., 即比尔·坎贝尔),他因癌症去世,享年75岁。自1983年举家迁到西海岸以来,比尔一直是科技行业的杰出人物,在苹果、谷歌、财捷和其他许多公司的成功道路上发挥了关键作用。说他受到人们极大的尊敬,恐怕远不足以体现他的重要性——大家对他的感情更像是发自内心的爱戴。当天到场的人里,有几十位科技行业的领军人物:拉里·佩奇(Larry Page)、谢尔盖·布林(Sergey Brin)、马克·扎克伯格

（Mark Zuckerberg）、谢丽尔·桑德伯格、蒂姆·库克、杰夫·贝佐斯（Jeff Bezos）、约翰·多尔、露丝·波拉特（Ruth Porat）、斯科特·库克（Scott Cook）、布拉德·史密斯（Brad Smith）、本·霍洛维茨（Ben Horowitz）、马克·安德里森（Marc Andreessen）。行业先驱和大人物像这样聚在一起是很罕见的，至少在硅谷是如此。

我们（指乔纳森·罗森伯格和埃里克·施密特）坐在人群中间，带着沉重的心情聊着天，柔和的阳光与我们阴郁的心情形成鲜明的对比。自从加入谷歌担任首席执行官（埃里克2001年就任该职位）和产品主管（乔纳森2002年就任该职位）以来，我们在过去的15年里都曾与比尔密切合作。比尔曾经是我们的教练，每隔一两个星期就会单独与我们会面，讨论公司发展过程中面临的各种挑战。他以个人和队友的身份给予我们指导，大多数时候都隐身幕后。与此同时，谷歌也从一家古怪的初创公司，变成了世界上最具价值的公司和品牌之一。没有比尔的帮助，这一切都不可能发生。就像我们周围的每个人一样，我们既称他为教练，也称他为朋友。事实上，我们后来发现，那天参加悼念仪式的1 000多人里，许多人也都认为比尔是他们最好的朋友。那么，在所有这些好朋友里，谁会有幸代表我们向教练表达最后的敬意呢？哪位高科技明星会站上致辞的讲台？

来自霍姆斯特德的冠军

比尔·坎贝尔直到40岁出头才来到加州，而在那之前几年，他才刚刚开始自己的商界生涯。事实上，这个发生在他身上的硅谷成功故事，让他取得了别人好几辈子才能获得的成就。比尔在宾夕法尼亚州西部的钢铁工业城市霍姆斯特德长大，他父亲在那里的高中教体育，同时也在磨坊兼职。比尔是个好学生，学习很努力，同时他也很精明。他曾在1955年4月的校报上发表了一篇专栏文章，提醒他的同学们："在大家以后的生活中，没有什么能比好成绩更重要……在学校里闲逛可能会影响你取得成功。"而那时的他还只是个高一新生。

由于他是霍姆斯特德高中的橄榄球明星，1958年秋，比尔离开家，去位于纽约曼哈顿的哥伦比亚大学上学。虽然在那个年代，橄榄球运动员的身材比现在的运动员看起来更像正常人，但比尔看着并不太像橄榄球明星：他的身高可能有5英尺10英寸（1.78米），体重165磅（74.8公斤）[不过在被招入大学时，他的体重写的是180磅（81.6公斤）]。凭借全力以赴的发挥和在场上表现出的智慧，他很快赢得了教练和队友的尊重。1961年秋上大学四年级的时候，比尔成了球队的队长，防守时担任后卫，进攻时担任前锋（或者后卫），几乎每场比赛的每一分钟都是如此。他获得了藤校橄榄球的各种荣誉，并带领球队获得了常春藤联盟的头名，这也是哥伦比亚大学历史上唯一一次获此殊荣。这支球队的教练、著名的巴夫·多内利（Buff Donelli）说，比尔在球队夺冠之路上

"发挥了巨大的影响力"。他说:"如果有 6 英尺 2 英寸(1.88 米)的身高、225 磅(102 公斤)的体重,去打明星碗(美国国家橄榄球联盟明星赛),他肯定会是联盟有史以来最伟大的边锋,(因为)他能量太足了。但他是个只有 162 磅(73.5 公斤)的小个子,即使是大学橄榄球队都没有这样的小个子后卫。一般来说,小个子的人都不能打橄榄球。只有(积极的)态度是不够的,教练既需要队员端正态度,也需要他们有合格的身体素质。"[1]

比尔的态度自然是十分支持球队,他说球队之所以成功,是"因为队员们共同努力,以及资深教练的指导"。[2]

1961 年 10 月 21 日,比尔(左二)在哥伦比亚大学狮队 26∶14 战胜哈佛大学橄榄球队的比赛中组织防守。[3]

同情心太重

比尔没有多少钱，所以靠开出租车来支付他在哥伦比亚大学的学费。他非常了解纽约市，所以在他晚年的生活中，他经常和多年的司机好友斯科蒂·克莱默（Scotty Kramer）争论走哪条路线最好。（斯科蒂说，说起在纽约辨方向找路线，没人能质疑教练的权威。）1962年，比尔获得了哥伦比亚大学经济学学士学位，1964年又获得了教育学硕士学位，后来他移居北方，成为波士顿学院橄榄球队助理教练。比尔是一位杰出的教练，很快就在球队教练圈子里备受尊敬。因此当他的母校哥伦比亚大学1974年请他回去当主教练时，他答应了。尽管哥伦比亚大学的橄榄球项目成绩并不好，但比尔的忠诚让他回到了曼哈顿。

［比尔的教练同事吉姆·鲁格斯（Jim Rudgers）指出，在"追随内心的呼唤"回到哥伦比亚大学之前，比尔被认为是美国最优秀的助理教练之一，并曾有机会在乔·帕特诺（Joe Paterno）的领导下，在宾夕法尼亚大学橄榄球队执教。当时帕特诺是美国的顶级橄榄球队教练之一，如果比尔加入尼塔尼雄狮队[①]，他很可能会在球队教练的岗位上做得很好，那样一来，本书讲的就会是大学校队传奇教练比尔·坎贝尔的故事，而不是硅谷传奇教练比尔·坎贝尔的故事了。要想深入地了解他，你可以在雅虎或必应上搜索一下。］

虽然比尔极具执教才能，但他在回到哥伦比亚大学执教之后

---

① 宾夕法尼亚大学橄榄球校队。——译者注

并没有取得成功。他们的球场设施简陋,在下午的车流中,从学校出发要乘至少30分钟大巴才能抵达球场;学校管理层也并没有全力支持橄榄球队取得成功;曼哈顿(的球市)总体上也处于衰退状态。因此在比尔的任期内,哥伦比亚大学狮队只取得了12胜41负的成绩。他最有希望取得成功的赛季是1978赛季,当时球队以3胜1平1负开局,但随后在纽约巨人球场以0∶69败给身体上和数据上都更强大的罗格斯大学校队。比尔在1979赛季进行到中途时决定辞职,那个赛季结束之后,他的橄榄球教练生涯也结束了。

1961年11月18日,在哥伦比亚大学橄榄球队37∶6战胜宾夕法尼亚大学橄榄球队后,比尔的队友把他抬了起来。这场胜利让哥伦比亚大学橄榄球队首次获得了常春藤联盟冠军。[4]

比尔在哥伦比亚大学校队执教期间非常努力，曾一度因为过度疲劳而在医院休养了一阵。招募球员的过程尤其具有挑战性。比尔后来说，为了招够 25 名队员，他得过目 100 个潜在对象。他还补充说："我会在 4 点半健身后出发，开车去奥尔巴尼，再连夜赶回来，或者跑到斯克拉顿然后连夜回来，这样我第二天还能正常上班。"[5]

然而他执教失败并不是因为缺人。据比尔自己说，原因在于（他的）同情心太重。"我想说的是，（做橄榄球教练）需要的是冷静和强硬，我觉得我没有这种能力。教练不能担心（别人的）情绪，你必须推着所有人努力把所有事情都做好，几乎不必管别人怎么想。用这个人换那个人，用年轻队员换掉年纪大了的队员，这就是比赛的本质：适者方能生存，只有最好的队员才能留在场上。而我自己对这么做有所顾虑，我会努力让队员们明白每个决策背后的理由。我觉得我就是不够强硬。"[6]

比尔认为橄榄球教练的成功靠的是"冷静"，这或许没有错，但在商界，越来越多的证据表明，同情心是取得成功的关键因素。[①][7] 事实证明，让同情心融入团队的想法在商界的作用比在橄榄球场上大得多。

[①] 2006 年由彼得·弗罗斯特（Peter Frost）、简·达顿（Jane Dutton）、萨莉·梅特利斯（Sally Maitlis）、雅各芭·利尤斯（Jacoba Lilius）、杰森·卡诺夫（Jason Kanov）和莫尼卡·沃莱恩（Monica Worline）联合发表的一篇论文表明，综合过去 100 年的研究成果，发现职场和组织中的同情心非常有价值。

这广告我们放定了

比尔的橄榄球职业生涯走到了尽头。39岁时，他在广告公司智威汤逊（J. Walter Thompson）谋到一个职位，进入了商界。他先是在芝加哥入职，服务卡夫食品公司，几个月后又回到纽约，服务柯达公司。他对这份工作投入了其惯有的热情，他对柯达业务的认识和见地，给这个位于纽约罗切斯特的客户留下了深刻的印象，因此不久之后，比尔便被柯达从智威汤逊挖走了。他在柯达的升迁也很快，1983年时，他已经在伦敦担任该公司欧洲消费产品部门的主管。1979年他刚开始找工作时，他在哥伦比亚大学橄榄球队的一位队友曾把他介绍给时任百事公司高管的约翰·斯卡利（John Sculley）。比尔当时没有接受斯卡利的邀请去百事工作。1976年，比尔和哥伦比亚大学的一位院长萝伯塔·斯帕诺拉（Roberta Spagnola）结了婚。1983年，斯卡利前往硅谷，担任苹果公司首席执行官。不久后，他给比尔打了个电话，问他愿不愿意离开柯达到苹果公司工作，把家也搬到西海岸去。

比尔后来说："当愚蠢的橄榄球教练这么多年，我的职业技能已经退化了。当时我觉得就凭我这资历，我会一直不如同辈人，需要一直追赶别人。真正投身野蛮的职场，到粗犷的、精英遍地的西部去，我可能还有机会走得快一点儿，成为一个组织的管理者。"[8] 他在苹果公司确实走得比较快。加入公司9个月后，比尔便被提拔为负责销售和市场的副总裁，并负责备受期待的麦金塔电脑（Macintosh）的发布——这款新电脑将取代Apple II，成为苹果公司的旗舰产品。

为了给发布造势，苹果公司搞了个大动作：它买下了超级碗比赛期间的一个广告时段，麦金塔电脑的广告将于1984年1月22日在佛罗里达州坦帕的比赛现场播出。广告制作完成后，比尔和团队把它拿给苹果公司联合创始人史蒂夫·乔布斯看。该广告借用了乔治·奥威尔（George Orwell）的小说《1984》中的隐喻，片中，为了摆脱安保人员的追赶，一位姑娘跑过一条阴暗的过道，跑进了一间屋子。屋子里的人都剃着光头，穿着灰色衣服，听着面前的大屏幕上一个像僵尸一样喃喃说话的"老大哥"的训诫。伴随着一声怒吼，这位姑娘将一把大槌子投向屏幕，大屏幕破碎，随后发生爆炸。此时，旁白承诺说，苹果公司的麦金塔电脑将会告诉人们为什么"1984年不会像《1984》里那样"。[①]

乔布斯很喜欢这则广告，比尔当时的上司弗洛伊德·夸默（E. Floyd Kvamme）很喜欢这则广告，比尔也很喜欢这则广告。在超级碗比赛前10天，他们向董事会展示了这则广告。

董事会很不喜欢这则广告，大家普遍认为它"糟透了"，觉得它成本太高，而且内容极具争议性。董事会想知道还能不能把广告时段转卖给其他公司。"现在退出是不是太晚了？"几天后，苹果公司负责销售的某位高管告诉比尔和弗洛伊德，她能为这个超级碗广告时段找个买家。弗洛伊德问比尔："你觉得我们该怎么办？"

"去他的！这广告我们放定了！"比尔回答说。他们没有告诉

---

① 在你最喜欢的搜索引擎里搜索"Apple 1984 commercial"，就可以看到这则广告。

董事会或者其他高管有人有意买下这个广告时段的事,然后照常播出了那则广告。结果,它不仅成了当场比赛最火的广告,而且成了有史以来最著名的一则广告,把超级碗的广告时段推到了和比赛本身同样重要的地位上。2017 年,《洛杉矶时报》的一篇专栏文章说,苹果公司的这则广告是"有史以来唯一一则伟大的超级碗广告"[9]。对于一位 4 年多前刚刚执教完自己最后一个赛季的"愚蠢的橄榄球教练"来说,这个成绩还算不错。

1987 年,苹果公司决定把一家叫 Claris 的软件公司独立出去,让比尔担任首席执行官。比尔欣然接受了这份工作。Claris 的业绩很好,但 1990 年,苹果公司把它收回来作为自己的一家子公司,而没有按照原计划让它独立上市。这一转变促使比尔和其他几位 Claris 的高管离开了公司。这个决定让人们感到很难过,在比尔离开时,Claris 的几位员工在《圣何塞信使新闻报》上刊登了一则整版广告,向他表示感谢。广告的大标题是"再见了,教练",后文中写道:"比尔,我们会怀念你的领导、你的远见、你的智慧、与你的友谊,以及你的精神。你教会了我们如何自立,你让公司可以持续发展。尽管你将不再指导这个团队,但我们将竭尽所能,继续让你为它感到骄傲。"作为苹果公司的一家子公司,Claris 一直经营到 1998 年。

比尔后来担任了一家名为 GO Corporation 的初创公司的首席执行官,该公司试图打造世界上第一台以笔为核心部件的手持电脑(也就是后来的 PalmPilot 以及今天的智能手机的前身)。它的愿景很有抱负,但过于超前于时代,所以公司在 1994 年倒闭了。

San Jose Mercury News ■ Monday, February 25, 1991 5D

So long, Coach.

Claris has just lost one of our hardest-working employees.

Bill Campbell is on his way to lead another bunch of impossible dreamers over at GO Corporation, those guys with the pen-based notebook computing system.

And the bunch he left behind would like to publicly tender him the biggest compliment we can conjure:

Bill, we'll miss your leadership, your vision, your wisdom, your friendship and your spirit.

But–thanks to all of the above–we're going to be fine without you.

In 1987, when Apple decided to get out of the software business, you volunteered to start a spin-off company.

You began with a handful of nearly-free Apple software products, a few rebels, a name, "Claris," and built us into the world's leading Mac software company.

We just finished our best quarter ever in sales, profits, market share and growth.

You taught us how to stand on our own.

You built us to last.

And even though you're no longer coaching our team, we're going to do our best to keep making you proud.

CLARIS

Chris Gaede

开 篇　万亿美元教练比尔·坎贝尔　/011

比尔因此总是喜欢说"GO 没能走起来"（GO didn't go）。

就在那段时间，财捷的联合创始人兼首席执行官斯科特·库克和其他几位董事正在寻找替代库克担任首席执行官的人选。风投公司凯鹏华盈（Kleiner Perkins）的约翰·多尔[①]把比尔引荐给了斯科特。起初，比尔并没有给斯科特留下太深刻的印象。几个月过去，斯科特还没有找到人来担任首席执行官，所以他同意再见比尔一次。他们绕着加州帕洛阿尔托的一个街区散了散步，这次两人一拍即合。斯科特说："第一次见面时，我们聊了聊商业和战略，但再聊的时候，我们没聊战略，而是聊了聊领导力和人的管理。一个人身上的特质基本上是固定的某一种，但比尔身上却融合了丰富的特质。他认为每个人都有各异的经历和背景。在应对增长挑战和领导力挑战时，他表现得是那么细致入微、与众不同。我当时想找到一种我不太擅长的方式让公司的员工得到成长，而比尔对此非常擅长。"

1994 年，比尔成为财捷的首席执行官。在数年时间里，他带领公司经历了增长和成功，直到 2000 年卸任[②]。尽管他当时还不知道，但他的职业生涯从此进入了第三阶段，他回到了全职教练的岗位上，只是所在的环境已非橄榄球场。

当 1985 年乔布斯被迫离开苹果公司时，比尔·坎贝尔是公

[①] 约翰是硅谷最成功的风投资本家之一，曾率领凯鹏华盈投资了谷歌、亚马逊、网景、太阳微系统、财捷以及康柏等公司。

[②] 比尔在 1998 年 7 月卸任财捷首席执行官一职。1999 年 9 月，他的继任者比尔·哈里斯（Bill Harris）决定退休后，他重回该职位，并任职到 2000 年初。

司里少数几个极力反对这一决定的高管之一。戴夫·金瑟（Dave Kinser）是比尔当时在苹果公司的同事，据他回忆，比尔当时说："我们必须把史蒂夫留在公司，他太有才了，不能让他走！"乔布斯也记得这份忠诚，当他1997年回归苹果公司成为首席执行官时，大多数董事会成员都卸任了，比尔便被乔布斯任命为公司董事之一。[①]（比尔担任苹果公司董事到2014年。）

乔布斯和比尔成了亲密的朋友，他们经常聊天，还经常在周日下午绕着他们在帕洛阿尔托的住处散步，讨论各类话题。在各种不同的话题上，乔布斯都会征询比尔的意见，比尔也成了乔布斯的教练、导师和挚友。但乔布斯并非比尔唯一的学员。事实上，尽管他在1979年就离开了橄榄球场，但"教练比尔"永远没有停止过指导别人。当朋友、邻居、同事、孩子学校里的其他家长有需要时，他总是有求必应。他会给他们一个拥抱，聆听任何事情的来龙去脉，通常还会分享一些能够帮助别人开阔思路的故事，给几句建议，或者帮忙做个决定。

所以当比尔在2000年卸任财捷首席执行官，寻找下一个挑战时，约翰·多尔邀请他去知名风投机构凯鹏华盈，为其投资组合公司担任教练。（比尔在财捷的董事会主席职务一直保留到2016年。）风投机构通常都有"驻场创业者"，这些聪明而且通常很年轻的技术专家通常会一边在风投机构里工作，一边酝酿自己的下一个革命性创业点子。所以约翰就想，何不请一些"驻场高管"

[①] 理论上讲，从1997年到2000年1月，乔布斯是苹果公司的"代理首席执行官"，2000年1月后，他从头衔中拿掉了"代理"二字。

呢？这些驻场高管必须是运营或战略老手，他们的任务就是帮助初创公司走过增长的波峰波谷（或者帮助那些没有经历增长起伏的企业经历这些过程）。比尔答应了约翰的提议，从此开始了在沙丘路①上班的生活。

谷歌的教练

2001年的一天，山景城一家由几个来自斯坦福大学的毛头小子经营的初创公司，决定请一位"专业"的首席执行官：埃里克·施密特。埃里克一手打造了太阳微系统公司的软件运营战略，后来他又担任Novell公司的首席执行官和董事会主席。②约翰·多尔给了埃里克一个建议：他需要比尔·坎贝尔当他的教练。当太阳微系统的首席执行官斯科特·麦克尼利（Scott McNealy）打算聘用比尔时，埃里克见过比尔，比尔的成就和精力给埃里克留下了深刻印象。有一次，比尔到太阳微系统公司开会，他说他刚刚结束了一次为期一天的日本之行！这给埃里克留下了很深的印象。

但埃里克是一个自尊心很强的人，多尔的建议冒犯了他。那时的埃里克已经是个大人物了，他不仅是Novell首席执行官、太阳微系统公司前首席技术官，还拥有普林斯顿大学的学士学位，

---

① 沙丘路（Sand Hill Road）是凯鹏华盈总部所在地。——译者注
② Novell于2010年被The Attachmate Group收购，之后于2014年被Micro Focus International收购。——译者注

以及加州大学伯克利分校的计算机专业硕士和博士学位。自己拥有如此多的头衔,这个来自宾夕法尼亚州的粗野家伙——一个前橄榄球教练——能教他什么?!

事实证明,比尔能教的东西有很多。在接下来不到一年的时间里,埃里克的自我评估报告显示了他取得的长足进步。他写道:"比尔·坎贝尔对我们所有人的指导都非常有帮助,事后看来,我们一开始就需要像他这样的一个人。我应该更早地鼓励大家采取这种工作架构,要是从我一进谷歌就这样就好了。"

15年来,比尔几乎每周都和埃里克见面。不仅仅是埃里克,比尔还成了乔纳森、拉里·佩奇和谷歌其他几位高管的教练。他每周都会出席埃里克主持的全员会议,并经常出现在公司位于加州山景城的园区里(有一点很方便:谷歌的园区离比尔仍旧担任董事长的财捷园区只有一步之遥)。

在那15年里,比尔的建议影响深远。重点并不在于他教我们做什么事——他的影响远胜于此。如果比尔对产品和战略有任何意见,他通常会隐而不发。但他会确保团队不断地进行沟通,把紧张和分歧摆到桌面上并进行充分讨论,以便在做出重大决定时,无论个人同意与否,大家都能支持最终的决策。我们可以说,毫无疑问,比尔·坎贝尔是谷歌成功的关键人物之一,没有他,谷歌就不会取得今天这样的成就。

对任何人来说,做到如此就足够了,但比尔远不止于此。在他与谷歌的高管团队和苹果公司的史蒂夫·乔布斯共事时,他也在为更多的人提供帮助。他是财捷前首席执行官布拉德·史密斯的教练，他是易贝（eBay）前首席执行官约翰·多纳霍（John Donahoe）的教练，他是美国前副总统阿尔·戈尔（Al Gore）的教练，他是推特前首席执行官迪克·科斯托洛（Dick Costolo）的教练，他是资讯整合应用 Flipboard 首席执行官迈克·麦丘（Mike McCue）的教练，他是机器智能公司 Numenta 首席执行官唐娜·杜宾斯基的教练，他是社区社交应用 Nextdoor 首席执行官尼拉夫·托利亚（Nirav Tolia）的教练，他是哥伦比亚大学校长李·博林杰（Lee C. Bollinger）的教练，他是风险管理公司 MetricStream 前首席执行官谢莉·阿尔尚博（Shellye Archambeau）的教练，他是风险投资公司 Andreessen Horowitz 合伙人本·霍洛维茨的教练，他在圣心学校指导过男生和女生腰旗橄榄球队，他是风险投资公司 Benchmark 的普通合伙人比尔·格利（Bill Gurley）的教练，他是美国职业橄榄球大联盟（NFL）名人堂球员伦尼·洛特（Ronnie Lott）的教练，他是移动支付公司 Handle Financial 首席执行官丹尼·沙德尔（Danny Shader）的教练，他是谷歌首席执行官桑达尔·皮查伊的教练，他是互联网学习服务平台 Chegg 首席执行官丹·罗森斯威格（Dan Rosensweig）的教练，他指导过霍姆斯特德老乡、前匹兹堡钢人队四分卫查理·巴奇（Charlie Batch），他是私募基金 Altamont Capital Partners 董事总经理杰西·罗杰斯（Jesse Rogers）的教练，他是斯坦福大学前校长约翰·亨尼西（John Hennessy）的教练，他还是谷歌首席运营官谢丽尔·桑德伯格的教练。

"Ballsy"和布鲁诺

前面讲的那些人都没有在比尔的追悼会上上台为他致悼词。事实上，那天走到麦克风前的第一个人是比尔大学时的橄榄球队队友李·布莱克（Lee Black）。李一上台就开始说起他的朋友"Ballsy"（大胆儿），我们也很快意识到，这个"Ballsy"说的不是别人，正是比尔。

在比尔初到哥伦比亚大学时，他在球队中个子最小，但在攻防和阻挡训练方面却最有战斗力。他一次又一次地被撞倒，然后一次又一次地爬起来继续。一天，李和比尔坐公共汽车去训练，李说："坎贝尔，你的球球比黄铜猴子还多。"[①] 球队里的每个人都有昵称，此后"Ballsy"就成了比尔的昵称。即使他在大四那年被任命为队长，大家也从来不叫他"队长"，一直叫他"Ballsy"。哥伦比亚大学坎贝尔体育中心设有力量和训练空间、学生运动员会议室和教练办公室，但至少在橄榄球界，有时人们也会叫它"Balls Hall"。

在葬礼上，我们了解到了很多关于比尔的往事，但其中最令人惊讶的，便是比尔这位伟大的商业领袖、首席执行官、史蒂

[①] 这句话的原文是"you have more balls than a brass monkey"。这句话被李·布莱克戏谑地缩减为 Ballsy。其中，"ball"（球球）在英语口语中有胆量之意。黄铜猴子是 19—20 世纪西方人经常从中国或日本带回国的小摆件，通常的造型是把三只猴子铸在一起，三只猴子一只双手捂眼，一只双手捂耳，一只双手捂嘴，代表着"非礼勿视，非礼勿听，非礼勿言"，有"以猴诫人"之意。——译者注

夫·乔布斯的密友、常春藤联盟冠军、哥伦比亚大学橄榄球队教练和董事会主席、两个孩子的父亲和三个孩子的继父[①],通过他在哥伦比亚大学球场上咄咄逼人的表现,赢得了"Ballsy"的尊称。除了他在哥伦比亚大学的队友,没有人听说过比尔的昵称,但这也不奇怪。

参加他葬礼的人来自不同的阶层。斯科蒂·克莱默曾长期担任比尔在纽约时的司机,也是他的老友,他和丹尼·柯林斯(Danny Collins)一样,都是专程赶到加州来参加葬礼的——柯林斯是比尔在纽约最喜欢的餐厅 Smith & Wollensky 的领班。吉姆·鲁格斯是一位退休的大学橄榄球教练,曾在哥伦比亚大学与比尔共事,比尔曾在他的婚礼上担任伴郎。鲁格斯讨厌坐飞机,但他绝不会错过比尔的葬礼,所以他从罗得岛开车横穿整个国家来到了加州。在座的还有比尔在哥伦比亚大学橄榄球队的同人,既有他曾经的队友,也有曾受过他指导的队员。夏天时曾在坎贝尔家暂住过的斯坦福大学橄榄球队的队员们来了;比尔与别人合开、他自己也经常光顾的帕洛阿尔托运动酒吧 Old Pro 的工作人员来了;每年和比尔一起去看超级碗的朋友们、每年和他一起去卡波圣卢卡斯[②]度假的朋友们,以及每年和他一起去匹兹堡或其他东部地区看棒球的朋友们也都来了。这不是一场由多多少少认识比尔的专业人士参加、大家来向他致敬的同时彼此认识一下的聚会,这是一场专门为爱比尔的人们准备的聚会。

---

① 比尔和萝伯塔 2009 年离婚。2015 年,他和艾琳·博奇(Eileen Bocci)结婚。
② 卡波圣卢卡斯是墨西哥度假胜地之一。——译者注

来的人里还有布鲁诺·福托佐（Bruno Fortozo）——比尔去卡波圣卢卡斯度假时经常去那儿的 El Dorado 高尔夫球场打球，而布鲁诺是经常为他服务的球童。多年来，比尔、布鲁诺以及两家人成了朋友，在球场上和卡波圣卢卡斯附近的餐馆里度过了很多快乐的时光。布鲁诺说："对于大多数（来打球的）客人，我们都不能在和他们交流时越界，但比尔是个快乐的人，他对每个人都很好。"

几年前，当布鲁诺一家北上美国度假时，比尔曾在帕洛阿尔托和蒙大拿的家中接待了布鲁诺和他的妻儿，所以布鲁诺也不可能错过比尔的追悼会。那天下午到达圣心学校后，他被带到了前排，坐在了比尔家人附近。他说："我当时就坐在苹果公司的库克先生和埃迪·库伊（Eddy Cue）后面，坐我旁边的那个人我忘了他的名字，我想他是谷歌的掌门人。"

比尔·坎贝尔因为很多事情为人所知，但他最显著的特点、他的标志性动作也许就是拥抱。对于见过的所有人，比尔都给过一个拥抱。事实上，当微软在 1994 年 10 月的一次公开活动上宣布有意收购财捷时，比尔大步走上舞台，给了比尔·盖茨一个大大的拥抱（而比尔·盖茨并不擅长和人拥抱）。（这笔交易后来没成，而这个拥抱和交易失败之间的因果关系也从未得到证实。）比尔的拥抱从来都不是那种怯怯地靠过来、不走心、给人感觉是"咱们可别惹恼了律师"、纯为了鼓励、外带几个飞吻式的拥抱。他只要一抱便是熊抱。他拥抱你的时候，你会感觉他很认真，而事实上，他也真的是在认真拥抱你。当李的演讲接近尾声时，他看着在座的人，邀请大家向比尔致敬，拥抱一下自己身边的人。

所以谷歌联合创始人、Alphabet首席执行官拉里·佩奇拥抱了来自卡波圣卢卡斯的球童布鲁诺·福托佐。布鲁诺说:"坎贝尔先生对每个人都一视同仁。坐在我周围的人我认不全,但他们都是比尔的朋友。"就像那天大家说过的任何一句话一样,他的这句话也是在向比尔致敬。

在李后面致辞的是帕特·加拉格尔(Pat Gallagher)。帕特成就卓著,曾长期担任旧金山巨人棒球队(San Francisco Giants)高管,也是美国最受尊敬的体育商界人士之一。帕特2009年离任,结束了自己在巨人队33年的生涯,他开玩笑说,他的离开直接导致了球队在2010年、2012年和2014年赢得了世界大赛冠军。[①] 但他之所以能为比尔致悼词,并不是因为他的履历或者出身,而是因为他和比尔之间的友情。他和比尔在帕洛阿尔托时是邻居,20世纪80年代中期,比尔和萝伯塔搬到西海岸后不久,他们就像拥有同样爱好的邻居一样,成了朋友。他们一起指导青少年体育运动,比赛结束后在啤酒和汉堡店与队员及其家人聚会,在公园里与孩子们玩耍,在附近散步,还会自发举办聚会晚宴。在共同经历过的多次顺境和一些逆境中,他们都一直保持着朋友间的真诚。

正如帕特在葬礼上所说:"对我们中的大多数人来说,朋友和熟人都会随着时间来来去去,最亲密的朋友和我们的家人会在这些人中间占据一个人数并不多的子集。而更少的人——也许一两

---

① 世界大赛是美国职棒大联盟每年10月举行的总冠军赛,是美国以及加拿大职业棒球最高等级的赛事。——译者注

个手指头就能数过来——是我们最好的朋友。你可以和最好的朋友谈论任何事情而不必有心理负担，因为你知道他们会一直在你身边倾听。比尔·坎贝尔就是我最好的朋友。我知道，大概还有另外的2 000人觉得比尔是自己最好的朋友，但我并不介意，因为比尔为我们每一个人都挤出了一点时间。他和我们一样过着24小时一天的生活，但是，他随时随地都能挤出时间来与我们相处。对比尔来说，你在朋友名单上排第几位并不重要。无论如何，他都能出现在你身边。"

追悼会接近尾声时，人们围在一起闲聊，菲利普·辛德勒（Philipp Schindler）找到了埃里克。菲利普是谷歌销售团队的负责人，也是受比尔影响多年的谷歌员工之一。就在几周前，菲利普参加了谷歌的一个培训研讨会，比尔当时正在那里向一群谷歌高管传授他的管理原则，以便他们能够把这些原则传给谷歌的下一代。现在比尔去世了，菲利普想把他的这些管理原则传达给其他人——不只给谷歌员工，而是给每个人。当看到埃里克时，菲利普问他：是不是可以把比尔教给我们的伟大智慧汇总起来，和全世界分享呢？能与这样一位管理传奇共事是我们的荣幸，如果我们不做点什么，这些宝贵经验便会流失。

身价万亿美元的教练

比尔·坎贝尔是一位身价万亿美元的教练。事实上，1万亿美元低估了他创造的价值。他与史蒂夫·乔布斯并肩工作，将苹果从一家濒临破产的公司，打造成了市值高达约1万亿美元的公司。他与拉里·佩奇、谢尔盖·布林和埃里克并肩工作，使谷歌（现在的Alphabet）从一家初创公司开始一路发展，截至本书成稿时，公司市值已超过8 000亿美元。抛开接受过比尔指导的无数其他公司，仅以上两家公司的市值之和就接近2万亿美元。按照这个标准，比尔堪称世界上最伟大的高管教练。而和传统的高管教练不同，比尔的指导并不仅仅是为了最大限度地提高个人的绩效，他指导的是整个团队。

比尔去世后，谷歌开始通过内部研讨会向新晋管理者传授他的管理原则。所以在菲利普的鼓励下，我们开始考虑写一本关于比尔的书。我们很快就抛弃了写一本歌功颂德的传记的想法。[①] 毕竟正如比尔（用他那丰富多彩的表达）所说，谁会想读一本写宾夕法尼亚州霍姆斯特德一个蠢人的生活的书呢？我们不知道这个问题的答案，但我们知道的是，比尔的指导方法、他指导的内容和方式，既独特又格外成功（价值1万亿美元呢！）。这也是当今商业世界需要的东西，因为当下成功的关键，就在于快速而持续地打造具有创新性的新功能、新产品和新服务。

在我们的上一本书《重新定义公司：谷歌是如何运营的》里，我们认为，实现这种速度和创新的关键，在于要有一批新型员工，即聪明的创意人才。聪明的创意人才能够将技术深度、商业头脑和创意天分结合在一起。这类人才一直存在，但随着互联网、智

---

① 这类传记会把主人公理想化。当埃里克告诉乔纳森和艾伦不要写歌功颂德的传记时，他们还去搜了一下这个词才知道它的含义。

能手机、云计算及伴生的各类创新的出现，他们的影响将比以往任何时候都大得多。企业要想取得成功，就必须不断开发出优秀的产品，要做到这一点，就必须吸引聪明的创意人才，并打造一个能够让他们把成功放大的环境。

在为写这本书搜集资料的过程中，在和接受过比尔指导的几十个人交谈时，我们意识到，我们漏掉了商业成功之谜中一个非常重要的部分。在公司里还有另一个同样重要的成功因素：精诚合作的团队。这样的团队可以抛开分歧，为了大家共同的利益贡献每个人的力量，齐心合力地朝着对公司有益的目标迈进。研究表明，如果在工作时知道自己能得到同事的支持，大家就会更专注于自己的工作，工作效率也会更高。相反，缺乏合作和支持也是造成工作倦怠的一个主要因素。[10]

但是，即使身处表现出色的团队的人也会告诉你，团队合作并不总会尽如人意。从本质上讲，这样的优秀团队里都是些聪明、有进取心、雄心勃勃、意志坚定、很有主见、自我意识很强的人。这些人可能可以在一起工作，但他们彼此之间也可能是对手，在职业发展上存在竞争关系。而对于高管级别的人来说，他们往往会把自己主管的部门或其他存在资源信息壁垒的部门对立起来，造成某种"地位冲突"，从而为自己这一方获取更多的资源和荣誉。所有人都希望自己能够更上一层楼，而当个人目标与团队目标平行或者更高时，成功的诱惑就会非常大。最常见的情况是，内部竞争成了工作的焦点，薪酬、奖金、获得认可，甚至办公室规模和地段都会成为攀比的对象。这会带来很多问题：在这样的环境里，自私的人会将利他的人击败。根据几项研究（和我们的常识），"内部"冲突会对团队绩效产生负面影响。[11]

而将个人成功置于团队成功之下的团队，通常会比那些不这么做的团队表现更好。化解内部冲突的诀窍，是把所有"对手团队"聚到一个屋檐下，让他们联合起来，朝着一个共同的目标前进。2013年的一篇论文提出了一套整合对手团队的"设计原则"，例如建立决策和化解冲突的强大机制。[12] 但是坚持这些原则是很困难的，如果再考虑到当下管理企业的实际情况，比如快速发展的行业、复杂的商业模式、技术驱动的转变、聪明的竞争对手、极高的客户期望、全球扩张、要求苛刻的队友等因素，实现整合就会变得更加困难。正如我们的同事、谷歌前首席财务官帕特里克·皮谢特（Patrick Pichette）所言，当面对以上所有因素，同时还拥有一批雄心勃勃、很有主见、富有竞争力、聪明的员工时，"公司这台机器里的关系就会变得很紧张"。但这也是件好事，如果没有这种紧张的氛围，你就会逐渐变得无关紧要。但是这种紧张关系会使合作变得更加困难，而合作是成功的必要条件。

平衡紧张局面、打造精诚合作的团队需要教练的帮助。他要指导的不仅是个人，更是整个团队，目的是消除持续的紧张氛围，不断培养合作互助的精神，并确保团队能就共同的愿景和一系列目标达成共识。有时候，教练可能只会指导团队中级别最高的领导者。但要想让效果最大化，教练还要指导整个团队——这正是比尔采取的模式。在谷歌，比尔不仅会当面指导埃里克，他还会与乔纳森和其他人一起工作，并定期参加埃里克主持的全员会议。

对于高管来说，这可能是一件很难接受的事情，因为让"教练"参与全员会议和其他事情，似乎是他缺乏自信的表现。2014年的一项研究发现，最没自信的管理者才会害怕接受他人的建议（或者指导）。所以反过来说，公开接受教练的指导事实上是自信的表现。[13] 2010年的一篇文章指出，"团队训练"效果很好，但公司或组织往往不会采用这种办法来提升团队或组织的表现（该文作者把团队训练称为"以目标为导向的变革"）。[14]

比尔会在谷歌的大楼里走来走去，因而认识了很多人。他要指导的不是埃里克等少数几个人，而是整个团队，他也确实让整个团队变得更好了。比尔取得的成就之所以令人惊讶，是因为很少有体育教练出身的人能在商界崭露头角。许多体育教练也写过超出体育运动范畴的书，但成功的体育教练经商成功的却不多。比尔·坎贝尔在职业生涯的头十年执教橄榄球队并不是偶然的，因为橄榄球或许是最棒的团队运动。在橄榄球比赛中，如果队友之间不能很好地协作，球队不仅会输掉比赛，队员也可能会受伤。凭借多年担任球员和教练的经验，比尔明白：伟大的球队需要齐心协力，他也学会了如何实现这一点——不仅能在球场上取得成功，还能应用在办公室、走廊和会议室里。他逐渐掌握了发现团队成员之间紧张关系的艺术，并找到了解决这些问题的方法。

每一支运动队都需要一位教练，而最好的教练能让优秀的球队变成伟大的球队。在商业领域也是如此：在一个技术已经渗透到各个行业、消费者生活的大多数方面，而且速度和创新变得至关重要的时代，任何想要取得成功的公司都必须将团队训练作为其文化的一部分。训练是把能高效工作的个体凝聚成强大团队的最好方法。

问题是，为公司中的每个团队聘请一名教练，甚至只为高管团队聘请一名教练，都是不太可能且不太实际的。做到这一点要面临无数问题，比如在哪里能找到这么多教练？要花多少钱？但更重要的是，这样做行不通。在和几十位曾与比尔共事的人交谈的过程中，我们发现了一些新的、令人惊讶的事情。是的，就像他指导我们一样，比尔也指点过他们，教他们如何处理生活和工作中的许多情况和挑战。通过这些指导，比尔也告诉了他们该如何训练员工和团队，从而使他们成为高效的管理者和领导者。他们一次又一次地注意到，每当自己面对值得关注的新情况时，他们就会问自己：比尔会怎么做？我们发现，原来我们也会这样做：比尔会怎么做？教练会如何处理这种情况？

为公司的每个团队聘请一名教练既不可能也不现实，更不是解决问题的正确办法，因为对任何团队来说，最好的教练是领导这个团队的管理者。要想成为优秀的管理者和领导者，首先要成为一个优秀的教练。职场训练不再是一门专长，如果做不了优秀的教练，你就不可能成为一个优秀的管理者。根据1994年的一项研究，优秀的管理者需要超越"注重控制、监督、评估和奖惩的传统管理观念"，创造一种沟通、尊重、注重反馈和信任的氛围。实现以上目标全部要靠职场训练。[15]

其他许多管理技能都可以授权给他人，但职场训练不能。这就是比尔教给我们的终极奥义。在一个快速发展、高度竞争、由技术驱动的商业世界中，要想成功，就要组建一个能够有效、高效工作的团队，并给它成就大事所需的资源和自由。而高绩效团队的领导者既要是个充满悟性的管理者，又得是个懂得关心他人的教练。在这一点上，比尔·坎贝尔是有史以来做得最棒的。

本书既会讲述比尔指导的内容（他要求别人做了哪些事情），也会讲述他指导的方法（他是如何指导别人的）。我们将比尔指导的内容和方法分为了四个部分：他如何把握管理技能的细节，比如如何开一对一会议和全员会议、如何应对提出异议的员工；他如何与同事建立信任；他如何搭建和创建团队；他如何确保让工作场合充满爱。是的，你没看错，我们说的是"爱"。我们还根据需要，引用了部分支持比尔的教练手段的学术研究和文章。比尔指导的内容和方法可能看起来简单，因为它们不过就是些箴言式的句子。但有经验的领导者都知道，这些概念看似简单，但真正实践起来却很难。[1]16

事实上，要实践它们真的很难，在写这本书的时候我们有时会想，比尔确实是个独一无二的人，因为没有人能像他那样把团队训练的道和术融为一体。我们是要写一本只有已经离我们而去的比尔能够娴熟运用、帮助管理者成为更好的职场教练的指南吗？

我们认为并非如此。世上只有一个比尔·坎贝尔，他也许是

---

[1] 澳大利亚珀斯的科廷大学2010年的一项研究就提到了教练型管理者失败的几种类型，包括教练所花时间太少、认为人不会成长，以及认为教练并不会给经营业绩带来好处。

我们有幸遇到并结识过的人里最不寻常的一个。但我们相信，他大部分团队训练的内容和方法都可以被其他人复制。任何企业或组织中的经理、高管或者团队中的任何一级管理者，都可以通过成为所在团队里的教练而变得更有效率，并帮助团队取得更好的成绩（同时变得更快乐）。比尔的理论帮助过本书的几位作者和其他许多人，我们相信这些理论也能帮助你。

这世上只有一个教练比尔。但我们希望通过本书总结他的洞见，并把它们传递给当前和未来的领导者，使这些领导者可以像所有认识比尔的人那样，受益于他的智慧和慈爱。正如本·霍洛维茨所说："不要引导人们成为比尔，因为世上不会再有第二个比尔。但我从他身上学会了如何让自己变得更好：要更真诚、更深刻地理解人、理解管理。"

别他妈搞砸了

在写这本书的过程中，我们采访过几十个人，他们的人生都曾被比尔以这样或那样的方式深深地影响过。这其中有他儿时的朋友，哥伦比亚大学校队的队友，他在波士顿学院和哥伦比亚大学执教过的队员，其他橄榄球教练，柯达、苹果、Claris、GO Corporation 和财捷的同事，他指导过的企业高管，经常暂住帕洛阿尔托他的家中的斯坦福大学球员，他的家人、朋友，甚至还有他在中学腰旗橄榄球队里指导过的孩子们。他们中的许多人都在采访过程中哽咽到无法继续。那些人生受过比尔影响的人都深深地爱戴、崇敬他。我们几个受大家的委托,记录比尔留下的智慧;我们知道,对所有爱戴比尔的人来说,这本书很重要。

比尔是个讨人喜欢的俗人。他讲起粗话来跟现在的人们没什么两样,但从语法上讲却不属于动词、副词、形容词、代词或名词,在他嘴里,这个词成了一个独立的词类。乔纳森有一次发给比尔一份他发现的研究报告,里面说,在工作场合说脏话能提升士气。比尔一反常态,轻描淡写地回答道:"这报告很适合我!"①

但正如帕特·加拉格尔在他的悼词中所说:"不知怎么的,比尔说脏话的时候并不像是在骂人。比尔已经在天堂待了一星期,我们现在可以琢磨一下上帝是怎么想的……他是否会允许人们说脏话呢?"帕特告诉我们,比尔在自己去世前不久请帕特为他致悼词时曾提醒他:"别他妈搞砸了!"

我们不确定比尔会不会喜欢我们写这本书的想法。他更喜欢隐身幕后,避开打向他的聚光灯,并曾数次拒绝要为他写书的作者和代理商的请求。但在他生命即将结束的时候,我们觉得他已经开始接受这个想法了。他应该不喜欢别人写他的传记,但他可能想过,如果将他的商业教练方法编纂成书,可能会有助于他把自己在苹果、财捷、谷歌等公司的成功经验传递给其他公司。现

---

① 无数研究证明,在工作场合说脏话是有好处的,比如它有利于缓解压力,还有利于促进诚实、正直和创造力。但在变得脏话连篇之前,你最好也了解一下其他研究成果:满嘴脏话的人一般会被认为不可靠、不聪明。另外,你老说脏话,你妈妈也不会答应。

在看来，这肯定不是个坏主意。我们想象着在天堂里的比尔放心地点点头，接受了这个想法。然后他转过身来，脸上挂着大大的笑容，用他那刺耳的声音告诉我们："别他妈搞砸了！"

我们会竭尽全力的，教练。

第一章

头衔让你成为管理者，
员工让你成为领导者

2001年7月，谷歌在创立即将满三年时推出了AdWords广告，这让它很快成为顶尖科技公司。公司当时有数百名员工，其中许多软件工程师在韦恩·罗辛（Wayne Rosing）手下工作。韦恩曾是苹果公司和太阳微系统的高管，2001年1月刚刚加入谷歌。韦恩对自己当时手下这批经理的表现并不满意。他们是优秀的工程师，但不是优秀的管理者。于是他与拉里和谢尔盖讨论了他的顾虑，他们想出了一个有点激进的办法，并告诉了埃里克：他们将不再在工程部门设立经理职位。韦恩和埃里克称这个决定为"去组织化"：所有软件工程师都将直接向韦恩汇报。

拉里和谢尔盖很喜欢这个主意。他们两人以前都没有在正规企业工作过，两人都喜欢不那么有组织的大学环境，大学里大家聚在一起做项目往往有顾问的支持，没有人"被管理"。由于是直接在学校里创业，他俩一直怀疑经理职位存在的必要性。我们要经理干什么？为什么不让这些超级天才般的工程师直接去做项目？项目完成后，或者他们在项目上承担的工作完成后，他们可以选择另一个项目做。如果公司高管需要知道某个特定项目的进度，为什么要问一位可能都没有真正在做这项工作的经理呢？直接问工程师不就行了吗？"世界上第一家公司创立几分钟后可能就有了世界上第一位经理"这种话根本不用在意。[①]这里是谷歌，传统在这里是用来被消灭的。

于是谷歌开始了一项试验，即在不设经理的情况下，运营一个行事迅速的产品开发团队。也差不多就在此时，比尔开始与谷歌合作。拉里和谢尔盖刚刚习惯和埃里克一起工作，现在他们身边又有了另一个新人。比尔没有着急，他慢慢地结识了埃里克、拉里、谢尔盖和高管团队的其他人。他拜访大家的时间主要集中在晚上，因为那时候大家相对更放松一些。他会花时间和人们聊他们在做的事情，以及他们心目中公司的愿景，并在这个过程中了解公司和公司的文化。

在一次谈话中，比尔对拉里说："我们必须让一部分人当经理。"拉里被弄得不知所措，毕竟他此前刚刚去掉了所有经理职位，而且他对此非常满意。一家拥有数百名员工和一款可以创造数十亿美元营收的产品的公司，为什么需要经理呢？没有经理我们不是会做得更好吗？关于此事的争论持续了一段时间，双方都

[①] 可能在世界上有第一家公司之前就有经理这个职位了！彼得·德鲁克（Peter Drucker）充满机智地指出，世界上最优秀的经理很可能是"4 500年前管理了埃及第一座金字塔建造任务的那个人"。

坚持自己的观点。最后，比尔学着拉里做事的方式，建议他们去和工程师们聊聊。于是比尔、拉里和谢尔盖在公司里走来走去，直到碰到几个正在工作的软件工程师。比尔问其中一位工程师是否想要一位经理（来管自己）。

那位工程师说，想要。

为什么？

"我想要一个学习的榜样，一个可以打破僵局的人。"

那天晚上，他们又问了几个工程师，得到的回答大部分都是类似的。

只要自己的经理有值得下属学习的长处，能帮助大家做决策，这些工程师还是喜欢被人管理的。比尔是对的！不过说服谷歌的创始人还是花了一段时间，因为谷歌工程部门已经在"去组织化"模式下运行了一年多的时间。我们最终放弃了这一模式，并在2002年底恢复了经理职位。

事实上，学术研究发现这两种方法都有可取之处。1991年的一项研究发现，当一家公司处于创新的实施阶段时（例如谷歌开发搜索引擎和AdWords的时候），需要经理来协调资源、解决冲突。然而2005年的一项研究发现，在像百老汇这样身份层级关系的价值不那么重要的环境中，人际交往通常能催生出大量创意。因此，创造力和运营效率总是矛盾的。[1]

对比尔来说，在一家成功的公司做高管就是要做好管理，就是得创造卓越的经营业绩。作为一名经理兼首席执行官，比尔非常善于确保他手下的团队创造业绩。他会把人们聚集在一起，创造强大的团队文化，但他也从未忽视一个事实：结果很重要，而且好的结果直接源于良好的管理。在一次管理研讨会上，他对一群谷歌员工说："大家必须思考该如何组织会议，如何开展业务回顾。你必须懂得如何在一对一会议中指导下属，并知道如何帮助他们保持正确的方向。成功的人才能把公司经营好，因为他们做事有条理，他们能确保员工各司其职，他们知道如何招到优秀的员工，知道如何评估员工的业绩并给员工反馈意见，他们还会给员工很好的报酬。"

硅谷的人有时候会偏离工作的重心，追逐其他目标，忽视好好运营公司这件事。而比尔非常善于以结果为导向来运营公司。大家聚到一起会形成一种团队文化，但实现经营目标才是我们的目的。

在这一点上，研究结果支持比尔的理念。2017年一项对美国各地制造工厂的综合研究发现，相比其他工厂，那些采用以绩效为导向实施管理（比如设定了目标、实时监控进度、拥有激励措施）的工厂，业绩要好得多。[2] 良好的管理手段与研发、信息技术投资以及工人的技能水平同等重要。在创造性的工作中，良好的管理也很重要。2012年的一项研究表明，在视频游戏行业，强有力的中层管理人员在彼此收入差异上的影响力达到了22%，而游戏创意设计的影响仅占7%。[3]

比尔认为，领导才能是卓越管理的产物。"如何凝聚人才，并让他们在公司里茁壮成长？不是靠独裁，不是靠事无巨细、亲力亲为，而是要让大家觉得和你在一起的时候，他们受到了重视。

倾听，而且是用心倾听，这就是优秀的经理要做的事。"

哈佛商学院教授琳达·希尔（Linda Hill）专门研究管理学和首次担任经理人的职场人士，她也认为独裁是行不通的。她在2007年写道："新任经理人很快就会明白……当直接下属被要求去做某事时，他们不一定会做出回应。事实上，下属越有才华，他们就越不可能简单地服从命令。"她总结道，管理者的权威"只有在管理者与下属、同事和上级建立信任时才会树立起来"。[4]（另一项研究发现，人们不仅会因为威权式管理风格而感到恼火，而且有可能因此辞职！[5]）

比尔也总喜欢说："对于优秀的经理，你的下属会让你成为一个领导者。他们拥戴的是领导者这个身份，而不是你这个人。"他说这句话源自唐娜·杜宾斯基，还经常会讲讲它背后那个不太令人愉快的故事。唐娜曾在苹果公司和Claris公司工作，后者是一家从苹果剥离出来的软件公司。比尔曾是苹果公司的大人物，担任销售和营销副总裁，而且此前在柯达就非常成功。在这两家公司工作时，他都很注重细节，经常事无巨细地指导团队成员的工作。这样做的效果很好，所以当他到Claris担任首席执行官时，他认为告诉每个人该做什么是他的职责。他也这么做了。一天下午晚些时候，唐娜到比尔的办公室告诉他，如果他仍然要继续指点所有人的工作内容，他们都会辞职并回到苹果公司，因为没有人愿意为独裁者工作。她对第一次担任首席执行官的比尔说了一句充满智慧的话："比尔，经理只是个头衔，下属的认可方能造就领导者。"[1]

比尔把这句话记在了心上。有一次，他对一位颇有发展潜力、在为事无巨细地指点下属而纠结的经理说："你是在要求别人尊重你，而尊重应该是自然而然产生的。你需要表现出一种谦逊、无私的精神，这会让别人看到你是在真正关心公司、关心员工。"

比尔担心与他共事的人会将魅力误认为领导力，这让人有点惊讶，因为他曾与史蒂夫·乔布斯密切合作近30年，而乔布斯则是极具魅力的商界领袖的代表。1985年，约翰·斯卡利和董事会将乔布斯从苹果公司董事会除名。[2]比尔认为，乔布斯在苹果的第一段经历并不能说明他是一位伟大的领导者。1997年，苹果公司收购了乔布斯创立的NeXT，他也回到苹果公司担任首席执行官，那时比尔发现，乔布斯像是换了个人。"他一直很有魅力，充满激情，才华横溢。但当他回归苹果的时候，我发现他成了一名优秀的经理人。他看重所有事情的细节，对产品自不必说，他对财务、销售、运营和物流的管理也做得很细。我从中学到了很多。直到成了优秀的经理人，史蒂夫才成长为一位领导者。"因此，在每周的教练会议上遇到比尔时，我们最先讨论的重点便是管理，也就是公司的运营和策略。比尔很少在战略问题上发表意见，如果他提意见，通常也是为了确保能有强有力的运营计划来配合战略。

---

[1] 唐娜离开Claris之后，成为生产PalmPilot掌上电脑的Palm公司的首席执行官。后来她还担任过Handspring的首席执行官以及耶鲁大学校董会理事。她现在在机器智能公司Numenta担任首席执行官。

[2] 此前，乔布斯于1976年和史蒂夫·沃兹尼亚克共同创立了苹果公司。——译者注

目前的危机是什么？要多久才能走出危机？招聘进展如何？我们如何壮大团队？全员会议效果怎么样？我们有没有收集所有人的意见？我们都讨论了哪些问题，还有哪些没有讨论？比尔最在乎的是公司经营状况良好，同时经理们的管理水平也能不断提高。

人最重要

2008年8月，Gawker网站发表了一篇题为《最可怕的十大科技界暴君》（The 10 Most Terrible Tyrants of Tech）的文章。[6] 文章的开头写道："本文献给尖叫的暴君们。"这是在模仿1997年由理查德·德莱弗斯（Richard Dreyfuss）配音的苹果公司的电视广告"不同凡想"（Think Different）。"他们会扔椅子，他们会咒你死，他们会傲慢地盯着你。他们看问题喜欢另辟蹊径，而且会盯到你不敢直视他们，直到你也学会另辟蹊径看问题。他们不喜欢规则，尤其是人力资源部概述的那些'尊重员工'的规则。"

这篇文章列举了科技行业最臭名昭著的坏老板：史蒂夫·乔布斯、史蒂夫·鲍尔默（Steve Ballmer）、比尔·盖茨（Bill Gates）、马克·贝尼奥夫（Marc Benioff），以及排名倒数第二、谷歌公司的唯一代表——我们的乔纳森·罗森伯格。乔纳森当时觉得挺高兴——他登上了业内十大明星排行榜，说大点儿，这可是（科技行业的）硬汉名人堂呢！几天后，当他走进和比尔一对一谈话的会议室时，一份打印出来的文章放在桌上。乔纳森咧嘴笑了。

比尔没有笑。"乔纳森，这不是什么值得骄傲的事！"当乔纳森喃喃地辩解时，比尔用一连串的咒骂打断了他，最后用匕首刺破了乔纳森软弱的抵抗，"如果我把这个寄给你母亲呢？她会怎么想？"他们都认为，瑞娜·罗森伯格（Rina Rosenberg）不会乐意看到儿子出现在这个榜单上。

这是比尔第一次与乔纳森分享他的"人最重要"理论。比尔在财捷的时候就总结出了这个理论，而且经常几乎逐字逐句地说给我和乔纳森以及其他受他指导的人听。

人最重要

人是所有公司成功的基础。每个经理的主要工作是帮助下属在工作中更有效地成长和发展。优秀的员工想把工作做好，有能力做出很棒的东西，而且会充满能量地投入到工作中。优秀的员工会在能解放和放大这种能量的环境中不断涌现。而管理者要通过支持、尊重和信任来创造这种环境。

支持就是要为大家提供成功所需的工具、信息、培训和指导。它意味着要不断地努力培养大家的技能。优秀的管理者能帮助人们实现卓越和成长。

尊重就是要理解大家各自不同的职业目标，并理解每个人的人生选择。它意味着要帮助员工实现个人职业目标与公司需求的统一。

信任就是要让下属自由地工作和做决策。它意味着要明白每个人都想把事情做好，并且相信他们会把事情做好。

大量的学术研究和公司高管们说来说去的陈词滥调都表明，员工应该被视作公司的一项资产。但高管们在寻找提升业绩的方法时，往往会忽视公司的管理文化。这是不对的。1999年的一篇文章指出，公司的管理实践每提高一个标准差，可以使其均摊到每个员工身上的市值提高18 000美元。[7]谷歌2008年的一项内部研究证明，拥有能把8种行为日常化的经理的团队，人员流动率相对较低，员工满意度和绩效则相对较高。而在8种行为中排第一的，是"当个好教练"。①

　　"人最重要"理论也适用于其他领域。例如，哥伦比亚大学的体育总监彼得·皮林（Peter Pilling）曾与比尔合作，修订他所在部门的使命和价值观。在彼得所处的情境下，"人最重要"变成了"学生运动员最重要"。现在，彼得和他的团队在决策时首先考虑的便是学生运动员。这个决定会对他们有何影响？这个决定是否贴合本部门"尽量增加学生运动员达成最高成就的机会"之使命？学生运动员们知道管理人员和教练有多关心他们吗？管理人员和教练对学生运动员的帮助是全方位的，会在生活的各个方面支持他们，而不仅仅是支持他们的运动生涯。彼得每季度会和所有主教练开一次会，就各自麾下的运动员进行公开的讨论，而且希望所有人都能做到毫无保留。所有这一切都源自比尔所倡导的原则。

---

① 在戴维·加文（David Garvin）2013年发表在《哈佛商业评论》上的"How Google Sold Its Engineers on Management"一文中，可以了解到有关谷歌"氧气计划"（Project Oxygen）的更多细节。

当布拉德·史密斯接任财捷首席执行官时，比尔告诉他，每晚睡觉前，自己都会想着与他共事的 8 000 名员工。他们在想什么，有什么感受？我怎样才能让大家成为最好的自己？当谈到与他有过密切合作的两位教练——比尔·沃尔什（Bill Walsh）[①]和比尔·坎贝尔时，伦尼·洛特说："优秀的教练晚上躺下都睡不着觉，总是在想着如何让大家变得更好。他们喜欢创造能让每个人成就更多自我的环境。教练就像杰出的艺术家，他们可以把画上的每一笔都画得恰到好处。他们创作的作品就是人和人之间的联系。大多数人不会花很多时间思考如何才能让别人变得更好，但这正是教练的职责所在。这也是比尔·坎贝尔一直在做的事情，只不过是在另一个领域里。"

"什么会让你晚上睡不着觉"是高管们经常会被问到的一个问题。比尔总是会说同一个答案：员工的幸福和成功。

[①] 从 1979 年到 1988 年，比尔·沃尔什在旧金山 49 人队担任了 10 年的主教练，带领球队三次赢得超级碗比赛。

人最重要

所有管理者最优先考虑的问题，应该是麾下员工的幸福和成功。

会议从出差报告开始

十多年来,埃里克都会在周一下午 1 点召开每周一次的全员会议。从许多方面看,这个会议和大家参加过的其他全员会议很像,会议有议程,到会的每个人都要签到,人们都会偷偷摸摸地查邮件、看短信……都是些很平常的东西。然而,埃里克做了一件打破常规的事情:所有人走进房间坐好以后,他首先会问大家周末做了什么,如果有人刚出差回来,他就会让这个人大概说说出差都做了些什么。拉里·佩奇和谢尔盖·布林也会参加这个会议,因此"周末做了什么"环节经常会包括风筝冲浪的逸事或者极限健身的近况。但也会有些普通的事情,比如乔纳森的女儿在足球方面的最新成就,或者工程部门负责人艾伦·尤斯塔斯(Alan Eustace)打高尔夫球的得分。[1] 有时候,如果埃里克自己刚出差回来,他也会说说自己出差的概况,在屏幕上打开谷歌地图,标出他访问过的城市,然后一个城市一个城市地说他在当地访问的情况,还有他观察到的趣事。

虽然这个会议乍看起来很即兴、很不正式,但它是比尔多年来形成并和埃里克一起改进过的沟通策略的一部分。这个沟通策

---

[1] 也许拉里和谢尔盖的一部分冒险精神也传递给了艾伦。2014 年 10 月休假期间,他创下了高海拔自由落体的世界纪录,从距离地面 135 899 英尺(约 41.42 千米)的气球上纵身跳下,并在 14 分钟后安全落地,下落速度最高曾达到每小时 822 英里(约 1322.88 千米,约合每秒 367.47 米)。乔纳森把这次成功的尝试称为"艾伦自杀失败"。

略有两个目的。首先，它能让团队成员把彼此看作普通人，了解彼此工作以外与家人的互动，以及各自经历的有趣生活。其次，它能让大家在会议开始时以一种有趣的方式参与进来，而且这时大家的身份变成了谷歌员工和普通人，而不仅仅是特定职责领域里的专家和负责人。比尔和埃里克明白，有趣的工作环境和更好的工作表现之间有着直接联系，而关于家庭和趣事的交谈（学者可能把它们称为"社会情感交流"）是实现前者的一种简单方式。

随后在讨论工作决策时，埃里克则希望所有人都参与进来，无论是否涉及自己负责的职能领域。这种简单的交流让人们分享了彼此的故事，大家看到了各自真实的人的一面，实际上也确保了大家能做出更好的决策，增进同事情谊。

迪克·科斯托洛也是从比尔那里学到的出差报告分享这一招，他说："一开始我觉得这太奇怪了，但当开始分享出差报告并看到它的效果时我才知道，它会带来切切实实的改变。会议的整个氛围都因此不一样了，大家能得到更多的共鸣和更好的心情。"迪克还讲了一个他参加自己带的一个首席执行官主持的全员会议的故事：会议一开始就在谈重点议题和问题，没有任何社交的闲谈。"那次确实让我觉得一上来就谈工作不太好。我也看不出来这个团队内部的合作和关系有多好。"

玛丽莎·梅耶尔（Marissa Mayer）在担任雅虎首席执行官时，发展出了一种出差报告分享的变体。她主持的全员会议一上来不分享出差报告，而是会互道感谢。"我的同事们叫它家庭祈祷。每个人都必须为上周发生的某件事情感谢另一个团队。你不能感谢自己，也不能重复别人说过的话。事实证明，用这个方式来回顾过去的一周很不错。"

比尔认为，沟通是公司成功的关键。他经常让我们确保公司里的其他人能理解我们所理解的东西。即使你已经清楚地传达了某个信息，也还是可能需要重复说几次才能让人真正明白。重复并不会破坏沟通的效果。事实上，来自南方卫理公会大学（Southern Methodist University）2002年的一项研究表明，知道与谁分享和交流、知道该分享和交流什么，是管理者工作的重要组成部分。如果做得恰当，这种"知识公共性"能让团队表现得更好，为此付出时间是值得的。[8]

比尔让我们密切关注如何开好会议，"把一对一会议开好"和"把全员会议开好"是他最看重的两条管理原则。他认为，这些会议是高管管理公司最重要的工具，每一次会议都应该经过深思熟虑。

全员会议应该被用来讨论最重要的问题和机会，而且它在这方面的价值比一对一会议更大。"要利用会议统一意见，讨论最该讨论的议题并做出决定。"大多数重要问题都涉及不同的部门，但更重要的是，在团队会议中提出这些问题能让人们了解其他团队正在做什么，大家一起来讨论这些问题有助于增进相互间的理解，凝聚不同部门的力量。这甚至适用于一些可以在一对一会议中解决的问题，因为它让所有人一起参与了共同应对挑战的过程。GO的创始人杰瑞·卡普兰（Jerry Kaplan）在他所著的《创业》

（Startup）一书中回忆道，他曾想在与比尔的一对一会议中讨论GO与微软日益激烈的竞争。这个话题至关重要，需要就机密和可能引发争议的问题进行深入讨论，因此公司创始人和首席执行官之间的一对一会议似乎是最恰当的场合。但是比尔拒绝了，他想让整个团队一起来讨论和决定这个问题。[9]

研究结果证实，团队会议是吸引人们参与的绝佳机会。2013年的一项研究认为，会议的相关性、让每个人都有发言权和把控好时间，是确保大家参与的关键因素。[10] 但这三点并不总能同时达成，2015年的另一项研究指出，超过50%的受试者认为他们参加的会议没能有效利用时间。这项研究涵盖的是各类会议，而不只是全员会议，但它也说明，精心准备全员会议是一个重要的管理手段。[11]

会议
从出差报告
开始

为了在团队成员之间建立和增进融洽的关系，可以在团队会议开始的时候分享出差报告，或者其他跟个人有关的非工作话题。

白板上的五个词

我们与比尔的一对一会议总是在他那间加州大道边上不起眼的办公室里举行，而加州大道是帕洛阿尔托较为安静的商业区，位于光彩照人的大学大道以南 1 600 米左右的地方。一开始，我跑过去开会感觉像是在浪费时间——为什么他不能来谷歌？但我们很快意识到，在他那儿开会是对的。不管怎么说，去看心理医生的时候，你得亲自去心理医生那儿才行。在去"朝拜"比尔的路上，你得通过一扇没有标记的门，走上楼梯，上到二楼，穿过走廊，给他的长期助手黛比·布鲁克菲尔德（Debbie Brookfield）一个拥抱，然后走进会议室等他。埃里克去见比尔时，看到白板上总会写五个词，指明当天要讨论的主题。这些词可能关于一个人、一个产品、一个运营上的问题，或者一个即将召开的会议。他们就是这样组织这场一对一会议的。

我们在写这本书的时候，埃里克谈到了他和比尔的会面，这时乔纳森不得不插话提醒埃里克："比尔不是这样开一对一会议的。"虽然比尔确实有五件事要讨论，但他没有把它们写在白板上让所有人看到。相反，他会像一个打扑克的人把牌收到自己胸前那样，把这五件事捂得死死的。在聊完家庭和其他非工作的事情之后，比尔会问乔纳森他要谈的五件事是什么。乔纳森逐渐意识到，比尔想通过这种方法了解自己如何安排时间和精力。如果比尔先说出他要说的五件事，乔纳森肯定不会说二话。讨论五件事清单本身就是一种指导（显然，埃里克从来不需要这种形式的指导）。

在谷歌主持管理培训班时，比尔会建议每个人把自己的五件事清单同时贴到白板上。这样一来，所有人都可以看到哪些事项有重合，然后确保会议涵盖这些事项。比尔认为，合并两个人的清单的过程，可以作为训练确定优先次序的课程。

先写到白板上的是谁的五件事并不重要，重要的是两个人都准备好了要聊的话题。比尔准备一对一会议时非常细心。请记住，他认为管理者最重要的工作就是帮助别人变得更有效率，并帮助大家成长和发展，而一对一会议是实现这一目标的最好机会。成为全职管理教练之后，比尔为每个指导对象都制定了各不相同的指导方法。作为首席执行官，他也研究出了一套培训高管的标准模式。比尔总是会从"闲聊"开始，但在他的指导过程中，"闲聊"却没那么"家长里短"。职场中的闲聊通常很粗略：要么是一句匆匆的"孩子们好吗"，要么是在聊工作之前聊聊上班路上的那些事。与比尔的闲聊则更有意义、更有层次，有时你会觉得，和比尔会面更像是为了聊人生，而不是为了聊公司的业务。事实上，他真的对大家的生活感兴趣，而这有非常大的益处：2010年的一项研究认为，与真正的唠家常不同，这种"有干货"的交流会让人更快乐。[12]

（不怎么"家长里短"的）闲聊过后，比尔会转到工作上：你在忙什么事情？最近怎么样？他能帮什么忙？我们总是会聊到和同事的关系，比尔认为，这比和自己的经理以及其他高层的关系更重要。

在和比尔的一次一对一会议中,乔纳森说,他没能从谷歌几位创始人那里得到有关自己工作的任何反馈,所以他在想他们想要的是什么。比尔回答乔纳森说,他不应该担心来自上层的反馈,而应该留意同级同事的意见。团队里的同事如何看你才是最重要的!他们接着聊到了乔纳森的同级同事,聊他们如何欣赏乔纳森所做的工作,以及乔纳森如何能做得更好。

聊完和同事的关系,比尔将话题转到了团队上。他总是想知道,我们是否为大家设定了明确的方向,并不断强化这个方向?我们是不是理解他们在做的事情?如果他们的工作方向出现偏差,我们会讨论一下该如何纠偏,让他们回到正轨上来。比尔曾经说:"可以把所有下属都想象成你的孩子,你需要帮助他们纠正航向,让他们变得更好。"

然后他会谈谈创新。我们有没有在团队里提供创新的空间?我们如何平衡创新与执行之间的天然矛盾?只注重哪一方都不好,找到二者之间的平衡至关重要。

除了有详细的沟通方法,比尔也强烈地认为,管理者要擅长沟通。在这方面他基本上还是很老派,更喜欢面对面交谈,在不能见面的情况下喜欢打电话。(他说:"你不应该等到4个星期之后开会时再谈,打个电话就行了。")在比尔担任首席执行官的日子里,如果你收到来自他的电子邮件,那可是件大事。后来在开始指导整个硅谷的人的时候,比尔每天晚上都要给白天给他留过言的人打电话。只要给比尔的语音信箱留了言,你就能接到他的回电。

比尔也很擅长利用电子邮件。现在流行逐级下达的电子邮件，高管先给自己的直接下属发一封邮件，然后他们再用自己的话写一封邮件，发给自己的直接下属，以此类推。比尔总是建议我们只发一封电子邮件，直接从公司高管发到全员，而且多年来，他已经把写这类邮件的艺术发挥到了极致。在为撰写本书做调研时，我们重读了这么多年来收到的比尔发给我们的所有电子邮件，它们都写得很好，简洁、清晰、富有同情心，令我们钦佩不已。（乔纳森的父亲去世后，比尔写道："很抱歉，我之前没能与他结识。他会为他亲爱的儿子感到骄傲的……"）

他对身边的每个人都有同样高的要求。Nextdoor 是一家面向社区的社交网站，其联合创始人兼首席执行官尼拉夫·托利亚 2000 年夏天第一次见到比尔，当时尼拉夫正领导着一家名为 Epinions 的大热互联网公司。是比尔·格利为他们二人牵的线，在他们的第一次会面中，尼拉夫就了解到了比尔的沟通方法。"我为他准备了一个 PPT，我总是会在 PPT 上放些丘吉尔的名言之类的东西。所以我就一路演示过去，他也让我炫耀了一会儿。最后，他终于叫停了我。他问：ّ你为什么在里面放那些名言？你还没跟我说 Epinions 公司的事呢。'"比尔建议尼拉夫把名言全部删掉，只在 PPT 里放公司现在在做什么、接下来会做什么。

尼拉夫回忆道："那时候，我的 PPT 里 90% 是花里胡哨的东西，10% 是实打实的内容。比尔要的是 100% 的实在内容。"

白板上的五个词

为一对一会议确定一个框架,并花时间好好准备,因为一对一会议是帮助人们有效成长的最佳方式。

比尔制定的一对一会议和绩效考核框架

工作要求执行情况
- ☐ 可以是销售数据
- ☐ 可以是产品交付或产品进度节点
- ☐ 可以是客户反馈或产品质量
- ☐ 可以是预算数字

同级部门之间的关系（这对公司凝心聚力至关重要）
- ☐ 产品部门和工程部门的关系
- ☐ 营销部门和产品部门的关系
- ☐ 销售部门与工程部门的关系

给管理层 / 领导层的问题
- ☐ 你是否在指导你的下属？
- ☐ 你处理了害群之马吗？
- ☐ 你在努力招人吗？
- ☐ 你能让你的下属不畏艰难地去完成工作吗？

创新（最佳做法）
- ☐ 你是否在持续前进……思考如何不断变得更好？
- ☐ 你是否在不断地评估各种新技术、新产品、新做法？
- ☐ 你是否在向业界或世界上最好的人看齐？

圆桌背后的王座

在埃里克担任谷歌首席执行官的后期，他遇到了许多高管熟悉的事情：地盘之争。一位经理希望自己的团队为本团队产品的用户开发一款移动应用，但另一位经理认为应该由他的团队开发这款应用。争论持续了几个星期，从友善的讨论发展到了激烈的争辩。当自己的团队面临艰难决策时，埃里克喜欢采用一种被他称为"两人法则"的管理手段。他会让和问题关系最密切的两个人去搜集更多信息，然后共同找到最好的解决方案。通常情况下，这两个人会在一两个星期后共同选出一个最佳行动方案。他们所在的团队基本上总会同意他们的建议，因为通常情况下，他们的决定很明显就是最合适的那个。"两人法则"不仅能在大多数情况下催生最佳解决方案，还倡导了"共同治理"的理念。它使一起处理这一问题的两个人找到了解决问题的方法，而这是成功调解的基本原则。[13]它还能养成一种共同努力解决冲突的习惯，并能在随后的日子里增进同事之间的情谊，让决策更顺利。①[14]

但这一次，两个团队的经理没能达成一致，两个人互不相让。当埃里克向比尔寻求建议时，比尔回答说："你可以说，这样吧，要么你们两个打破僵局，要么由我来打破僵局。"埃里克接受了比尔的建议，又给了两位经理一个星期的时间来达成协议。他们没能做到，所以埃里克介入并做出了决定。

---

① 有关解决冲突的研究表明，无论是"两人法则"还是其他办法，标准的冲突管理流程能让所有人都更快乐、更高效。

比尔认为，经理的主要任务之一是帮助达成决策，他专门为这个任务准备了一个框架。他不鼓励民主。（在他到财捷之前，公司高管们靠在会上投票做决策，比尔叫停了这种做法。）相反，他喜欢一种不同寻常、经常在即兴喜剧中采用的方法。在即兴喜剧中，全部演员随时都处于演不下去的风险之中，需要大家共同努力才能继续对话，把戏的结局尽可能地推迟到最后一刻。比尔鼓励大家一起参与决策，而且总是会努力营造一个没有权势之争的环境。由最高管理者做出所有决策的地方一定会有钩心斗角，因为大家都会花时间推销自己的想法，向最高决策者证明自己的点子才是最好的。在这种情况下，最重要的事情不再是让最好的点子胜出，而是要竭尽所能游说最高决策者。换句话说，就是搞办公室政治。

比尔讨厌这样。他相信努力寻找最佳点子的效果，不相信共识。（他会气冲冲地说："我讨厌共识！"）他凭借直觉明白了无数学术研究证明过的一点：以达成共识为目标，只会导致"团体迷思"（groupthink）①和较差的决策。[15] 他认为，想获得最好的点子，就要公开表达所有意见和想法，然后大家一起讨论。大家要坦诚地把问题说出来，并确保人们有机会表达真实意见，特别是反对意见。如果眼前的问题或决定在性质上更偏向于某个部门（比如基本上是个营销或财务方面的决定），则应由具备相关方面专长

---

① 团体迷思是一个心理学现象，指的是团体在决策过程中，由于成员倾向于让自己的观点与团体一致，因而令整个团体缺乏不同的思考角度，不能进行客观分析。——译者注

的人来领导讨论。如果是涉及多个职能部门的决策，那么讨论应由团队的领导者负责。无论哪种情况，讨论都应该听取每个人的意见。

为了让大家都发表意见，比尔经常在会前和大家单独交谈，了解每个人的想法。这不仅让比尔了解到不同的观点，更重要的是，这能让团队成员在会上发言时做到有备而来。与比尔提前就问题进行讨论，有助于大家在会上集体讨论前组织好自己的想法和观点。当会议正式召开的时候，大家可能已经取得了一致意见，也可能没有，但至少每个人都已经想通、聊透了自己的观点，并已经做好了在会上发言的准备。

当人们提出观点并争论的时候，场面可能会变得激烈起来。但这已经是意料之中的事情，而且争论也是件好事。正如接受过比尔指导的优步（Uber）前首席财务官埃米尔·迈克尔（Emil Michael）所言："当领导者能够让人们摆脱被动攻击的状态时，大家就会展开虽然激烈但是坦诚的争论。"如果一个团队运转良好，而且凡事都想着"公司第一"，而不是"自我第一"，那么当争论平息之后，很可能会收获最好的点子。领导者组织讨论的方式也很重要。2015年的一项研究显示，当人们视讨论为辩论而不是分歧时，参与者更有可能分享信息，因为大家认为，在这种情况下，其他人会更容易接受不同意见。[16]

当负责决策的经理已经知道（或者以为自己已经知道）该做什么时，集体决策这个办法可能就特别难奏效了。玛丽莎·梅耶尔承认，她在谷歌时就曾遇到过这样的问题。后来比尔教了她一条新的规则：当和团队探讨一个决定时，她必须最后一个发言。比尔说，你可能知道答案，也许你是对的，但当你将它脱口而出时，你就剥夺了大家聚在一起讨论的机会。找到正确的答案很重要，但让整个团队一起找到正确的答案同样重要。于是当玛丽莎的团队就一些问题争论的时候，她一反常态，静静地坐着没说话。她不喜欢这样，但最后的效果却很好，她为自己赢得了团队更多的尊重，同时也让大家获得了处理问题的能力。

　　如果大家没能想出最好的点子，这个时候管理者再从大家的点子里挑一个作为最终决定，或者按自己的意愿做出决定。比尔说："管理者就是要负责打破僵局，让下属变得更好。我们要这么做。别说废话。就这样。"比尔搞清楚这一点是交了学费的：在担任苹果公司高管期间，他经历了完全相反的情况，当时的苹果公司决策失准，生意也受到了很大影响。"你也知道，苹果公司当时在决策方面做得很不好，公司里这个部门做这个，那个部门做那个，同时还有另外的人也想做这个。人们都到我的办公室来让我拍板，但我负责的是销售和营销，没办法打破不同产品团队之间、Apple II 团队和 Mac 团队之间的僵局。当时的情况很糟糕，大家什么事也做不成。这就是我当时面对的情形。"

　　无法决策和决策失误一样具有破坏性。由于找不到完美的答案，公司的业务决策总是犹豫不决。比尔建议说，做决定吧，哪怕是错误决定也行。有一个运行良好的决策流程和决定本身同样重要，因为它能给团队带来信心，并能让大家把工作向前推进。曾在 Claris 与比尔共事的 Adobe（奥多比）系统公司前首席执行官布鲁斯·奇岑（Bruce Chizen）把这样的决策流程称为"完全决策"，不仅决策流程通顺，而且决策时总是会优先考虑有利于公司而不是有利于任何个人的事情。尽你所能做出最好的决定，然后向前推进。

一旦做了决定，就要坚决执行，并且希望其他人也能如此。互联网学生服务平台 Chegg 的首席执行官丹·罗森斯威格曾经遇到过这样的情况：他和他的首席财务官就一项重要的财务举措达成了一致，结果首席财务官因为一个小问题想打退堂鼓。丹打电话问比尔："我该怎么办？"

比尔对丹说，他在担任首席执行官时也遇到过类似情况。当时比尔和管理团队已经决定要实施某项战略，但当比尔在董事会上提出这一战略时，（一直支持该计划的）首席财务官却表示他不同意比尔的意见。会后，比尔要求首席财务官离开公司。即使他不同意这个决定，也必须坚决执行。如果不能，那么他就不再是团队中的一员了。

这也符合布拉德·史密斯担任财捷首席执行官时，比尔向他介绍的亚瑟王圆桌决策模式。（布拉德给我们讲了这个故事，还给我们看了看放在他办公室一角的那张传奇桌子的模型——桌边坐满了骑士。）比尔说，如果会前谈话做得好，那么在 80% 的会议上人们能集体得出最好的结论。但对于其余 20% 的会议，团队领导者就需要做出艰难的决定，并期待每个人都支持它。

那张桌子上没有领头的人，但它的后面有个王座。

圆桌背后的王座

管理者的职责在于主导决策过程，确保听取和考虑到了所有观点。如有必要，管理者需要打破僵局，做出决定。

基于第一性原则引领团队

要如何做出这艰难的决定呢？当一位经理试图推动团队做出决定时，会议室里满是各种意见。比尔总是建议我们透过这些意见，直击问题的核心。在任何情况下，总有一些不变的真理是每个人都能认同的。这些真理就叫作"第一性原则"，这个术语和它背后的概念在硅谷很流行，针对每家公司和任何情况都有相应的一套第一性原则。观点问题可以争论，但原则问题一般没的争论，因为它们是每个人都认可的准则。比尔指出，当面临艰难抉择时，领导者必须把这些第一性原则跟所有人讲清楚，提醒大家。这样一来，决策过程往往会变得容易许多。

在1999年互联网创业的鼎盛时期，在为自己的初创公司Tellme Networks募资2.5亿美元后不久，公司创始人迈克·麦丘就被介绍给了比尔。比尔参加了Tellme Networks的董事会会议和迈克主持的一些全员会议，并在Tellme Networks以及迈克后来创立的Flipboard公司，就公司的每一个重要战略决策向迈克提供了建议。由于要做许多战略决策，所以迈克有很多机会实践比尔的建议，并根据公司的第一性原则做出决定。曾经有一段时间，AT&T愿意支付数千万美元买下Tellme软件的授权。Tellme为大型企业打造了第一个基于云的语音识别平台，并在用户致电联邦快递（FedEx）、富达国际（Fidelity）和美国航空（American Airlines）等公司时提供电话接听服务。AT&T的想法的问题在于，它想要打造一款竞品来取代Tellme的产品；事实上，AT&T要约的前提是 Tellme 完全退出云语音识别业务。如果这笔交易没有达成，当时 Tellme 最大的客户 AT&T 就将彻底弃用 Tellme 的产品。

这笔交易可能带来巨大的利润，Tellme 也需要钱，因此团队中的一些成员建议接受这笔交易。他们真心认为这是最好的决定。迈克不同意，但他知道，他没办法强迫大家拒绝这笔交易。他可能会赢得这个决定，但会输掉整个团队。

迈克说："他们都是非常聪明的人，都毕业于很好的大学，都是伟大的辩手，所以各种意见都有。我从来没有上过大学，我不可能辩得过他们。"（迈克 18 岁时父亲去世，他高中一毕业就开始工作以补贴家里。）此外，那时迈克已经将自己降为首席运营官，任命辛辛那提贝尔公司（Cincinnati Bell）前高管约翰·拉马切亚（John LaMacchia）为公司首席执行官，而约翰支持接受 AT&T 的交易。①

迈克给比尔打了个电话，然后他们沿着 Tellme 办公室外面的铁轨散了会儿步。比尔考虑了这项决定所涉及的一些第一性原则。首先，这家公司已经有了行之有效的商业模式，采用软件许可这种新的模式明智吗？其次，Tellme 已经有了很好的产品，客观地说，它是市场上同类产品里最好的，超越了其所在的时代。大家真的觉得 AT&T 能做出比 Tellme 更好的产品吗？大家很可能不这么想。迈克把整个团队召集到一起，向大家摆了摆上述原则。每个人都认同这些原则的正确性，因为它们长期以来都是公司赖以

---

① 约翰 2001 年成为 Tellme 的首席执行官，他卸任后，迈克在 2004 年底再次担任该公司首席执行官。

生存的基础。于是大家自然而然地做出了最后的抉择。会开了不到一个小时就结束了，交易取消。①

2007年，迈克在将Tellme出售给微软的谈判中也采用了同样的方法。他当时是直接与时任微软首席执行官史蒂夫·鲍尔默谈的，这笔交易一度就要谈崩了，因为另一家公司主动提出的报价高于微软的报价。迈克和比尔谈了谈，又考虑了一下公司创立的根本所在，意识到微软是Tellme最好的买家，他想把公司卖给微软。于是他飞到雷德蒙德，走进了鲍尔默的办公室。鲍尔默问他："我们还没结婚就要离婚了吗？"迈克回答说"不"，然后他解释了为什么把公司卖给微软才是对的。另外，他们两人此前其实已经同意了收购的基本条款，而迈克完全有意遵守之前的协议（这是另一条基本原则：诚信）。因此，从那次会面开始，在比尔给双方的有益建议的基础上，鲍尔默和迈克搭档完成了这笔交易。如果没有比尔"遵从第一性原则"的建议，这笔交易就不会发生。

---

① AT&T最终搁置了打造类似产品的计划，后来它和Tellme的业务规模扩大了三倍。2005年，AT&T和SBC通信合并。

基于
第一性原则
引领团队

定义当下情境中应遵循的"第一性原则",这些不变的真理能为公司或产品奠定基础,在公司决策过程中,要听从第一性原则的指引。

管理非一般天才

　　管理者面临的难题之一,可能就是如何对待像超级明星一样的员工,他们既有才又能干,但与他们共事却很痛苦。在高科技行业从业多年,我们遇到过很多这样的人,比尔总是提醒我们,管理这类人是我们面临的几大挑战之一。他把他们称为"非一般天才",并说:"这些古怪的男人或女人能让你的公司显著区别于其他对手。你得以一种不会扰乱整个公司的方式来管理这些人。他们必须能够与其他人一起共事,如果做不到,你就得让他们走。他们必须在一个需要与他人合作的环境中工作。"

　　该怎么处理这种情况呢?多年来,通过反复尝试和听取比尔的大量建议,我们学到了这门特殊的艺术。在他们持续创造业绩的时候给予他们支持,并最大限度地减少与他们的争执。同时,你要把用来争执的精力投入到尽可能引导他们上,让他们克服自己和常人不一样的行为。成功地做到这一点带来的回报可能是巨大的,你会收获更多的天才、更少的反常行为。比尔曾给乔纳森写过一封信,说到了后者团队里一个问题不断的人。他说:"他具备所需要的全部工作能力,既然你完全支持他,就应该设法让他像领导者一样表现。给他他要的空间,不要再争论了。"

　　根据我们的经验,非一般天才可以非常有价值,非常富有成效,他们可以打造出优秀的产品和高效能的团队。他们有敏锐的洞察力,而且在许多方面都强于一般人。他们既有自尊心,又有脆弱之处,而这与他们超凡的才能和业绩也是匹配的。他们常常把大量精力投入个人成长方面，而忽略了和同事之间的关系。他们有时会产生（或者一直就有）一种以我为尊的态度，从而引起别人的怨恨，影响他们的表现。

这时需要的正是平衡的艺术：有非一般的行为，就得有非一般的举措。你能忍到什么程度？什么时候才算越界？那个难以捉摸的边界究竟在哪里？绝不能容忍那些跨越了道德底线的人——那些撒谎、诚信或道德失范、骚扰或虐待同事的人。在某种程度上，以上例子都比较容易处理，因为是非的界限很分明。那些没有越过这些界限的情况则更难应对。如何才能确定一个人带来的损失在何时会超过他带来的贡献？这个问题没有完美的答案，但会有一些征兆。所有这些问题都是可以指导解决的，但如果还是没有变化，就不应该容忍下去了。

非一般天才破坏了团队的沟通吗？他有没有打断别人，攻击或斥责别人？他让人不敢说话吗？

是不是把过多时间花在了管理非一般天才上？我们很难知道一个非一般天才的行为何时会变得对团队来说过于有害，但如果你需要花若干小时来弥补他造成的损失，那说明问题已经到了非解决不可的地步。当大部分时间花在与人争论上时，一般很少会有建设性。有一次，在比尔就团队中一位非一般天才指导谷歌的一位经理时，他巧妙地总结了当时的情况。比尔说："我不知道我为什么要为他辩护。他的才华确实是我们取得优秀成绩的原因之一，但我们怎样才能扬长避短呢？总不能一天18个小时都和他待在一起吧！"一天18个小时有点儿夸大其词，但也并不是很夸

张，经理确实需要花很多时间在对该员工的损失管控上。这名员工最终离开了公司。① 17

非一般天才安排好他工作的先后次序了吗？行为古怪也可以，只要它们在服务（或打算服务）公司的利益就行。如果非一般天才不断地把自己置于团队之上，那么这就是不可容忍的。这种情况通常出现在与团队核心工作相关的领域。无论在销售、产品、法律还是其他岗位上，这类人都能在工作中脱颖而出。但当涉及诸如薪酬、压力和晋升等因素时，他们的非一般就表现出来了。

非一般天才是否希望得到很多关注和自我推销的机会？比尔不喜欢被媒体关注，也不信任那些过分追求媒体关注的人的动机。如果宣传能为公司服务，那也是很好的，事实上，这也是首席执行官职责的一部分。但如果你是首席执行官，而你团队中的某个人一直希望自己被媒体报道，那么这便是一个警示信号。非一般天才可能名义上把功劳让给自己所在的团队，但他们自己仍然是聚光灯下的焦点。这会损害整个团队。人们可能会说没关系，但随着时间的推移，大家会不高兴，觉得似乎有一个人得到了很多荣誉，而其他比较谦逊的人却没得到那么多荣誉。寻求关注是自恋的一种表现，2008 年的一项研究表明，在其他因素相同的情况

---

① 2017 年，曼弗雷德·凯茨德弗雷（Manfred F. R. Kets de Vries）在《哈佛商业评论》上发表了一篇讲管理自恋的员工的文章（许多非一般天才可能都有点儿自恋），其中给出了最小化和这类员工的对抗的建议。在上文提到的"18 小时"里，很多时间都花在和这类员工的对抗上。

下，自恋的人更有可能成为团队的领导者。[18]因此，有一个渴望被关注的领导者可能并不完全是反常现象。但是，如果团队的其他成员开始怀疑这位媒体明星对聚光灯比对团队的成功更感兴趣，那么问题就来了！

管理非一般天才

只要他们的行为不涉及不道德或虐待，他们创造的价值超过他们的行为给管理层、同事和团队造成的损失，那些表现出色但较难相处的"非一般天才"就应当被容忍甚至被保护。

待遇并不总和钱有关

多年来，比尔一直在谷歌为我们提供薪酬方面的建议，而且他一直主张要慷慨大方。关于薪酬待遇，他明白一条很多人不明白的道理：待遇并不总和钱有关。当然，每个人都需要公平的薪酬来让自己把生活过好。对大多数人来说，待遇指的就是钱。

但待遇也和其他东西有关。薪酬待遇不仅关乎金钱的经济价值，也和情感价值有关。它代表了认可、尊重和地位，它将员工与公司目标紧紧地联系在一起。比尔知道，大家都是人，都需要被欣赏，那些已经获得财务自由的人也不例外。这就是身家数千万乃至数亿美元的超级明星运动员要争取得到下一份巨额合同的原因。他不是因为钱，而是因为热爱。

待遇并不总和钱有关

给员工的待遇充分体现了对他们的爱和尊重,并能将他们与公司的目标紧紧地联系在一起。

创新让狂人成名

1980 年，比尔从智威汤逊跳到柯达，他在柯达的同事埃里克·约翰逊（Eric Johnson）说，比尔在那里确立了自己"病毒"的地位。埃里克·约翰逊说，他身上带着"一种比尔式的思维方式，一种全新的视角——我们如何打造对柯达、经销商和消费者来说更好的产品"。

虽然本书的 80 后读者可能很难理解，但在很长一段时间里，柯达基本上就等同于摄影。以前我们买了柯达相机之后（有人还记得自己的第一台 Instamatic 傻瓜相机吧，我们记得），会给它装上柯达胶卷，拍完所有照片后，我们会把它送到柯达实验室，把照片冲洗出来。到 1976 年，美国人使用的 90% 的胶卷和 85% 的相机都是柯达生产的。[1] [19] 因此，当比尔到位于纽约罗切斯特的柯达公司上班时，他面对的是一个掌握了无可争辩的统治地位的公司。

当时柯达最大的竞争对手是日本的富士公司（Fuji），该公司当时已经开始挑战柯达在胶片领域的全球霸主地位。比尔加入柯达后不久，富士宣称自己推出了一种品质更高的胶卷。而且富士并不只是营销炒作，它的这款胶卷质量确实更好，其感光速度更快，所以可以用较少的光线或更快的快门拍照，而图像质量不会降低。有一天，在和营销部门同事讨论这个新的竞品时，比尔提

---

[1] 一年前的 1975 年，柯达的一位工程师史蒂夫·萨森（Steve Sasson）发明了世界上第一台数码相机。37 年后的 2012 年，由于受到数码影像技术转型的严重拖累，柯达宣告破产。

出了一个建议："我们去研究实验室和工程师们谈谈怎么样？也许他们能想出更好的办法。"

这在柯达并没有先例。当时市场营销人员不会和工程师尤其是研究实验室的工程师交流。比尔不知道这个情况，即使知道，也不会特别在意。于是他走进实验室大楼，向大家介绍了一下自己，然后鼓励工程师们研发出比富士的最新产品更好的产品。比尔的鼓励推动了胶卷的研发，柯达最终推出了柯达200胶卷。它是柯达的一款主力产品，实践证明，它比富士的胶卷更好。"营销人员"比尔和他的团队得了第一分！

比尔的商业生涯从广告和市场营销开始，加入苹果公司之后，他又做了销售。但是，通过他在科技界的经历，通过在苹果、财捷、谷歌等公司工作，比尔开始意识到技术和产品在决定商界地位中的重要作用。他曾在一次会议上说："公司就是要实现产品愿景，将其付诸实践，财务、销售、营销等部门都要围绕产品愿景开展工作，目的是把产品顺利推出，并确保它成功。"20世纪80年代比尔进入科技界时，硅谷和大多数其他地方的公司并不是这样做的。当时，即使一家公司由技术专家创办，很快，投资方也会引进一位销售、营销、财务或运营方面的资深经营人才来管理公司。这些高管不会考虑工程师的需求，也不会首先关注产品。比尔也是个经营人才，但他认为，没有什么能比拥有自主权的工程师更重要。他一贯认为，产品团队才是公司的核心，他们是创造新功能和新产品的人。

产品团队的最终目标，是推出符合市场需求的优秀产品。如果产品团队能在正确的时间为正确的市场提供合适的产品，那就应全力以赴。参与打造了应用商店的苹果高管埃迪·库伊回忆说，当他第一次向苹果董事会提出应用商店的概念时，比尔很快就意识到了它的重要性。一些人认为它只是个锦上添花的产品，但比尔意识到了它的巨大潜力。埃迪说："其他人都在问'它到底是干什么的'等具体问题，而比尔则在问'我们如何才能尽快推出它'。"在指导我们和其他人的时候，比尔一直都在强调"尽快行动"：如果能在正确的时间为正确的市场提供合适的产品，那就尽快行动。会有一些小地方出问题，需要尽快补救，但（产品推出的）速度至关重要。

这意味着财务、销售或营销部门不应该指导产品团队该做什么。这些部门可以为产品团队提供信息，传递客户需要解决的问题，以及它们发现的市场机会。[1] [20] 提供"产品市场匹配"中市场部分的信息之后，公司就可以放手让产品团队工作，帮助扫清可能会影响产品开发速度的障碍。正如比尔经常说的：为什么市场营销会失去它的影响力？因为它忘记了自己立足的根本——产品。

比尔喜欢讲一个故事，当他在财捷时，公司开始涉足银行产品，于是雇用了一些有银行工作经验的产品经理。有一天，比尔

---

[1] 具有创新力的产品团队应该只把问题相关的信息作为工作的出发点。2017年1—2月连载在《哈佛商业评论》上的一篇文章里，作者兼咨询师托马斯·维德尔–维德尔斯伯格（Thomas Wedell-Wedellsborg）指出，许多寻找问题解决方案的团队都没能想到自己到底是不是在解决正确的问题。维德尔–维德尔斯伯格还在文中列出了"重构"问题，以及发现新的令人茅塞顿开的解决方案的7种办法。

参加一个会议，会上，一位产品经理向工程师们展示了一份他希望后者开发的功能清单。比尔对那位可怜的产品经理说："如果再对财捷的工程师说你想要什么功能，我就把你扔到街上去。你要告诉他们消费者遇到了什么问题，把和消费者有关的背景资料给他们，然后让他们去想要开发哪些功能。他们会提供比你指导他们开发的解决方案好得多的方案。"

这并不是说要让工程师们自由地、随心所欲地做他们想做的任何事情。恰恰相反，产品团队需要从一开始就与其他团队合作，将自己整合到一个跨职能的团队中，推动解决问题、创造机会的新想法落地。请大家记住，在解决问题的过程中，负责营销的比尔是和工程师们并肩工作的。这意味着工程师（以及其他创造产品的人）有能力产生影响，而且他们需要创造的自由。苹果公司董事会成员、诺斯罗普·格鲁曼公司（Northrop Grumman）前首席执行官罗恩·苏格（Ron Sugar）表示："比尔让我明白，独立的创造性思维以及不要太墨守成规，是苹果公司的一大优势。每个人都要欣然接受这种不墨守成规的氛围。"

比尔在财捷担任首席执行官时，每周五都会和所有工程总监共进午餐，他们会花几个小时吃比萨，讨论他们在做的事情以及遇到了哪些阻碍。虽然不懂技术，但比尔能够顺利地和技术人员讨论细节问题；更进一步讲，即使自己不负责管理工程技术，公司的高管们也应该掌握和工程师交流的能力。工程技术人员也因此明白，公司的首席执行官每星期都会关注他们的工作。就这样，比尔确保了工程技术人员在公司的地位。

创新
让狂人成名

公司的宗旨在于把产品愿景变成现实,所有部门都要为产品服务。

有尊严地离开

在商业世界里，裁员和解雇是不可避免的，在初创公司和技术领域或许更是如此。每个人都会经历被裁员和被解雇。比尔对此的观点是，裁员说明了公司管理的失败，而不是任何被解雇的人的失败。因此，公司管理层要让员工有尊严地离开，这很重要。要对员工好一点，尊重所有人。支付遣散费的时候也请慷慨一点。再向团队发一封内部公开信，赞扬一下离开的人所做的贡献。

事实上，比尔会和所有接受他指导的人一起演练这些场景。整个职业生涯都受过比尔指导的希希尔·梅罗特拉（Shishir Mehrotra）曾在一家初创公司工作，当时他不得不解雇一名工程主管。在希希尔和那个人谈话之前，他一字一句地和比尔讲了一下他将如何主持会议，甚至考虑了谁将坐在会议室的哪个位置这种细节。比尔说，在谈话一开始就要把事情明确讲出来，要讲明白事情背后的原因，同时还要包括细节。希希尔说这会让那位工程师大吃一惊，于是比尔批评了他。希希尔说："比尔说我把事情搞砸了，这不应该是个意料之外的消息。"

正如本·霍洛维茨在他所著的《创业维艰》（*The Hard Thing About Hard Things*）[①]一书中指出的那样，善待即将离职的人对团队成员的士气和身心健康至关重要。"许多被裁掉的人与留下来的人的关系比与你的关系更密切，所以要以适当的尊重对待离职的

[①] 该书简体中文版 2015 年由中信出版集团出版。——编者注

人。不过，公司必须继续往前走，所以要注意别过分道歉。"研究也证实了一点：被裁掉的员工会很在乎是谁把自己裁掉的，以及公司给出的裁员理由是否足够有说服力。裁员如果能得到妥善处理，会对被裁的人和留在公司的人都产生积极的影响。[21]

解雇员工（因业绩问题终止劳动合同）也需要同样程度的尊重。有时候你必须解雇某个人，这不是件容易的事。比尔说过："当你解雇某人时，会感觉那一天都很糟糕，然后你会对自己说，'我应该早点做这件事。就算再给一次机会，他也不会成功的'。"如果你曾经经历过解雇人这种闹心的事情，当回想那次经历时你就会明白，当时的决定绝对没有错。但是，你必须让被解雇的人有尊严地离开。

正如比尔在本·霍洛维茨即将解雇某位高管时所说："本，你没办法让他继续留在公司里，但你绝对可以让他保持住属于他的尊严。"[22]

有尊严地离开

如果你不得不让别人离开公司，那就慷慨大方地善待他们，赞扬他们曾经取得的成就。

比尔谈管理董事会

想象一下你是苹果公司董事会成员。现在是 21 世纪末,你刚刚在加州库比蒂诺的公司总部度过了漫长的一天,回顾了公司的财务信息,提前了解了一系列令人赞叹不已的新产品的最新进展。你很累,但很兴奋;要知道,大约 10 年前,这家公司曾经走到破产的边缘!在忙碌了一天之后,你、董事会的成员和几位苹果公司的高管来到门罗公园附近一家名为 Mitsunobu 的寿司餐厅放松一下。一起去的人不少,所以大家得在一个包间里分几张桌子坐。你喝了一杯葡萄酒,很享受地吃着美味的三文鱼生鱼片,同时还在和同桌的同事们讨论一些正经事。

突然,从另一张桌子那儿传来一阵笑声,打破了平静的气氛,接着是一声喊叫,然后又有人叫了一声。你有点儿恼火地看过去,正赶上比尔·坎贝尔把他的餐巾扔到了坐在桌子对面的阿尔·戈尔脸上,然后戈尔把餐巾从额头上拿下来,又给比尔扔了回去。比尔继续讲他刚才讲的故事,戈尔和桌旁的其他人又大笑起来。这就像一顿假日的晚餐,你和其他成年人坐一桌,而另一张桌子坐满了孩子,他们非常高兴。你会想:"我要是和他们坐一桌就好了。"

比尔·坎贝尔知道怎么找乐子。他会把每一张桌子都变成孩子们的餐桌,甚至在董事会会议之后的晚餐上也是如此——大家在这种晚餐时通常也会聊些严肃(无聊)的事情。包括苹果公司董事会在内,比尔只正式加入了几家公司的董事会,但他非正式地参与了其他许多公司董事会的工作，并在 Claris、GO 和财捷担任首席执行官期间拥有丰富的董事会管理经验。他知道如何偶尔与董事会成员们开开玩笑，也制定了一套强有力的指导方针，用以说明首席执行官应该如何与董事会合作，充分发挥董事会的作用。对一家公司来说，好而有效的董事会是一笔巨大的财富，而软弱的董事会只会浪费大家的时间。开好董事会会议很重要，而且无论一位首席执行官是否负责管理董事会，对于所有由时间宝贵、自我意识强的人参加的大型会议，比尔都给出了行之有效的管理建议。

比尔对董事会的看法首先是这样的：应该由首席执行官管理董事会，组织董事会会议，而不是反过来。[①]23 如果首席执行官不控制、不遵守会议议程，董事会会议就开不好。董事会会议应该从经营状况报告开始，因为董事会成员需要知道公司的发展情况。这份报告要包括财务和销售报告、产品状态，以及事关运营稳健的各项指标（如招聘、沟通、市场营销、客户支持）。如果董事会设有委员会，如监督审计委员会或薪酬委员会，则要让这些委员会提前（面对面或通过电话或视频会议）开会，并在董事会会议上介绍最新情况。公司经营首先要坦率、公开、简明扼要地讨论公司的表现。

[①] 到底谁管理谁常常会成为董事会紧张关系的源头。加州大学伯克利分校 2003 年的一篇论文指出："首席执行官有动力去'抓住'董事会，从而确保自己不会丢掉工作，并从首席执行官这个岗位上获得其他好处。董事会成员也有动力保持自己的独立性，以便监管首席执行官，并在首席执行官业绩不佳时换掉他。"

以上材料中的大部分都可以提前发送给董事会成员，目的是请他们阅读这些材料，并在参加会议前掌握大多数内容的最新信息。如果在董事会开会时把完整的财务报告投到屏幕上，大家就会想把这个报告聊透彻，从而让会议陷入对可能并不需要董事会关注的运营细节的讨论。所以要提前把财务和其他运营细节发给董事会所有成员，并希望大家阅读之后带着问题来开会。

"希望"的意思是真心地期待大家配合——不在开会前做好准备的董事会成员，就不应该留在董事会里。丹·罗森斯威格所在的Chegg公司的董事会里就有这样一个人，他在董事会开会前什么材料也不看，然后在会上花很多时间询问会前阅读材料里已经写明白了的细节。在一次董事会上，丹因为他浪费大家的时间而生了气。后来，当时也在会上的比尔告诉丹，他不应该像那样失态："你应该提前一周给他发一批材料，告诉他你要在会上详细介绍哪几页，以及你希望他做些什么。"丹照做了。同样的事情再次发生：那个人毫无准备地来开会，又浪费了很多时间问一些他本应该知道的事情。

比尔后来对丹说："好吧，我错了，把他开了吧。"

在谷歌的董事会会议上，比尔总是敦促埃里克确保公司运营状况评估完整地包括亮点和不足，明确指出我们做得很好的地方，我们能引以为豪的地方，以及我们做得不好的地方。亮点总是很好写，因为各个团队都喜欢把自己做得最成功的项目包装起来，然后把它们呈现给董事会。但大家都不会过多地谈自己做得不好的地方。可能需要一些刺激才能让大家完全坦白自己的不足之处，事实上，埃里克经常会因为不足之处写得不够坦诚而驳回给董事会的运营状况初稿。他坚持要确保不足之处的真实性，这样董事会才能在了解好消息的同时也能听到坏消息。

总结真实而扎实的不足之处，需要包括一系列内容的更新，比如营收增长、产品的不足、员工流失、对创新速度的担忧等。2002年《哈佛商业评论》上的一篇文章指出，"尊重、信任和坦诚的良性循环"是"造就优秀董事会"的关键。[24] 而董事会的坦诚也能为公司确立透明和诚实的基调，影响整个公司。一家对董事会诚实的公司对自己也会很诚实；大家认识到，坦诚地分享坏消息不仅可以做，而且应该做。明确不足之处是一项重要的任务，它应该由公司的经营者来完成，不能留给财务或沟通等支持部门来完成。在谷歌，我们让产品经理来做这件事。

但是，我们不会在会议前发给董事会成员的材料中列出亮点和不足。因为这样一来，大家会花太多时间纠结于公司的不足之处，并想在会议一开始就讨论它们。

什么样的人应该被纳入董事会？精通业务的聪明人，而且他们要非常关心公司，同时真心有兴趣帮助和支持首席执行官。迪克·科斯托洛担任推特首席执行官时，董事会成员中包括了几名风险资本家、一些创始团队成员和迪克本人。比尔帮助迪克改变了董事会的结构，引进了更多在实际经营业务方面具有丰富专业知识的人。他对迪克说："你需要依靠一些别的经营人员。"

比尔还清楚地指出了糟糕的董事会成员是什么样子："这种人一进会议室就想当全场最聪明的那个人，而且话很多。"

比尔谈管理董事会

首席执行官应该负责管理董事会,而不是反过来。

在接下来的章节中，我们将更多地聊聊比尔在谷歌和其他许多公司担任教练的故事，以及他这个独特的角色所产生的巨大影响。但作为一名高管，比尔也具有极强的洞察力。请大家记住，从大学橄榄球教练到《财富》世界 500 强公司高管，他只用了不到 5 年时间。他是个出色的商业管理人才。他通过实践本章中提到的要点做到了这一点：卓越的运营能力、以人为本、果断、良好的沟通、了解如何让最难管理的人发挥出最大能力、专注于打造卓越产品，以及在员工被解雇时善待他们。

第二章

信任是基石

比尔·坎贝尔担任财捷首席执行官时，该公司经历了一个艰难的季度，可能都无法实现收入和利润目标。当董事会聚在一起讨论如何解决这个问题时，大多数人都愿意对没有达到短期财务目标表示宽容，因为他们认为，对公司来说，投资未来的发展更重要。短期目标不如长期增长重要，如果削减支出，牺牲的可能就是公司的长期增长。比尔不同意这种看法。他想削减支出，实现短期财务目标。他解释说，这才是我们想要的企业文化。问题的关键和达到短期目标没太大关系，而是要塑造一种文化，让大家明白任何不属于卓越运营的东西都是不能容忍的。他认为，管理层的职责就是实现目标，这样做不只是为了股东，也是为了团队和客户。董事会希望通过投资着眼长远，而比尔明白，通过灌输严明的经营纪律，他同样也是在为公司的长期成功投资。

在这个特殊的时刻，管理层内部出现了不同寻常的分歧，矛盾的一方是宽容的董事会，另一方是公司的首席执行官、一个纪律严明的前橄榄球教练。大家都表达了自己的意见，大多数董事会成员希望度过这场危机，投资于未来。他们不同意公司首席执行官的观点。最后，轮到约翰·多尔发话了。他说："大家听着，我想我们应该支持教练。"约翰说，那一刻让他赢得了比尔·坎贝尔的信任。他接着说："董事会可能是对的，但支持公司的首席执行官不才是真正正确的答案吗？"可以说，辩论的内容其实不重要，既然比尔对这件事情很感兴趣，那么约翰决定支持比尔。他信任他。

无论是友情、爱情、亲情还是同事之情，一段关系中最重要的东西就是信任。比尔·坎贝尔坚信这一点。如果比尔不信任你，你就和他没有交情。但如果他真的信任你，或者你真的信任他，这种信任就是你们二人关系中所有其他东西的基础。当然，信任对于任何关系都很重要，但在大多数商业世界的关系中，和信任同样重要的还有其他一些因素，比如个人意愿和彼此价值观的交流。比尔永远把信任放在第一位，放在最重要的位置上，这也是他的一种超能力。他很擅长建立信任，而且一旦信任建立，他就会非常尊重它。在他人生的最后一段时间，比尔有一次对艾伦·尤斯塔斯说："你知道，我愿意为你做任何事。"他是认真说的，因为他们之间有信任。

信任这个概念有很多方面，在本书里它是什么意思呢？一篇学术论文将信任定义为"基于对他人行为的积极期望而愿意接受伤害的意愿"。[1]这个学术解释又长又拗口，但它抓住了一个要点，即信任意味着人们在受到伤害的时候也会感到安全。我们提到比尔和信任有几层意思。

信任意味着信守诺言。如果你告诉比尔你要做某件事，那就把它做了。对他来说也是一样，他说过的话一定会兑现。

信任意味着忠诚。对彼此忠诚，对家人和朋友忠诚，对自己所在的团队和公司忠诚。当史蒂夫·乔布斯1985年被苹果公司解雇时，比尔是少数几个想努力留住他的苹果高管之一。史蒂夫从来没有忘记他这种忠诚的表现，这后来也成为他们亲密友谊和工作关系的基础。

信任意味着正直。比尔总是很坦诚，他也期望被报以同样的坦诚。信任还意味着能力，意味着相信一个人真的有能力、有技能、有力量和勤勉去完成他所承诺的事。

信任意味着谨慎。埃里克在谷歌担任首席执行官时，一位同事被诊断出患有重疾（后来完全康复了），但他选择不告诉埃里克或团队其他成员。比尔是唯一知道此事的人，他没有告诉任何人。埃里克后来也知道了这件事，但他并没有因为比尔对他隐瞒此事而感到恼火，反倒因为知道了比尔是如此值得信赖而感到高兴。比尔可以保守秘密，即使对埃里克也是如此，所以他可以成为团队中任何人的知己。这对一个教练来说是非常有价值的，因为他总是需要知道发生了什么；对于被他指导的人来说，他们也需要知道比尔会尊重他们的隐私。

也许"信任是商业成功的基石"这个想法属于秃子头上的虱

子——明摆着的事，但今天的许多商业图书中却没有提及它。在我们筹备和撰写上一本书《重新定义公司：谷歌是如何运营的》时，我们也从未想到信任是谷歌成功的一个因素。因此，当我们访问比尔指导过的几十位商界成功人士时，一次又一次地听到这个词，这让我们感到有些惊讶。迪安·吉尔伯特（Dean Gilbert）曾担任谷歌和家居装饰连锁店@Home的高管，也是一位卓有成就的管理教练，他指出："比尔能很快构建信任，对他来说，这是一件很自然的事情，这种建立融洽关系的能力能给人一种舒适和被保护的感觉。信任是任何商业领域教练活动的基石。"太阳微系统公司的联合创始人、科斯拉风险投资公司（Khosla Ventures）负责人维诺德·科斯拉（Vinod Khosla）表示，无论他和比尔是否认同，他们之间"以信任为基础结下了很深的友谊"。这里有一点很重要：信任并不意味着总是要认同别人，事实上，信任能让人更容易地不认同某人的观点。以上只是我们从曾和比尔共事的人说过的无数句感言中引用的几句话，而他们基本上都说过同一句话：你可以信任比尔。他的成功就源于此。

一系列学术研究证实了比尔凭借直觉弄懂的道理：信任非常重要，建立信任是建立一份成功的关系所要做的第一件事。它是一切的基础。例如，康奈尔大学在2000年进行的一项被广泛引用的研究中，探讨了团队中的事务冲突（针对决策的分歧）和人际冲突（情感摩擦）之间的关系。事务冲突是健康的，它对做出最好的决策关系重大，但它也与人际冲突高度相关，而后者会导致决策失准和士气下降。该怎么办呢？这项研究得出结论：首先要建立信任。相互信任的团队之间仍然会存在分歧，但当分歧出现的时候，彼此情感上的怨恨会更少。[2]

大多数商界人士见面的时候，都会直接开始处理手头的工作。但其实还有其他事情要做啊！在科技领域尤其如此，因为技术专家并不是因为他们的高情商或社交技能而出名的。在科技界，大家往往会觉得，"先向我证明你有多聪明，然后或许我会相信你，或者至少相信你的聪明才智"。比尔采取了另一种更有耐心的方法。他会通过了解一个人的履历和技能以外的东西来建立和这个人的关系。希希尔·梅罗特拉指出，比尔"行走在一群勤奋的技术专家中间，却在以一种完全不同的方式看待这个世界……他把世界看作一个人和人构成的网络，大家都在相互学习彼此的长处和短处，而学会相互信任是实现目标的主要途径"。

信任也是顶尖体育教练口中的一个重要主题（比尔在 2012 年的一场比赛中被任命为名誉队长时，就在赛前对斯坦福大学橄榄球队发表了以信任为主题的讲话）。作为教练和管理人员，"红衣主教"奥尔巴赫（Red Auerbach）曾在 30 年内带领波士顿凯尔特人队赢得 16 次 NBA（美国职业篮球联赛）总冠军（包括令人称道的八连冠），他用一句简单的话说明了信任的重要性："球员不会骗我，因为我不会骗他们。"[3] 他认为，信任水平能稳定军心，让队员们更加投入："当队员们发现管理层都非常正直，而且他们可以相信我或者队里任何一个人的话时，他们就会觉得很安全。大家觉得安全了，就不会想离开这里。如果不想离开这里，他们就会在球场上尽其所能，从而留在这里。"

用现在的话说，要想在团队中建立"心理安全"，建立信任是其中的关键一步。根据康奈尔大学 1999 年的一项研究，团队心理安全是"团队成员的一种共同信念，即团队可以承担人际风险……它还是一种团队氛围……让人们可以舒服地做自己"。⁴ 这正是我们和比尔一起工作时所体验到的感觉，他能很快建立一种关系，让我们可以毫无畏惧地做自己。不出意料，当谷歌通过一次调研来确定高绩效团队背后的成功因素时，心理安全被排在了第一位。① 之前大家普遍认为，最好的团队是由技能互补或性格相似的人组成的，但调研结果表明这种观点并不正确；最好的团队是心理安全感最强的团队，而心理安全感源于信任。

人们很难否认这样一种观点，即对于富有成效的关系来说，信任是必不可少的。对于承担重大责任、自我意识又很强的企业高管来说，信任说起来容易做起来难（你看，就连我们的主角比尔教练、有着相当健康的自我意识的比尔教练，都会有他自己的见解和固执之处）。比尔是怎么做到的？首先，他只指导那些愿意被指导的人。如果你通过了上面的测试，他会全神贯注地倾听，保持完全的坦诚，相信被他指导的人能够取得非凡的成就，并且会非常忠诚。

---

① 更多关于该研究的细节，参见 James Graham, "What Google Learned from Its Quest to Build the Perfect Team," New York Times, February 25, 2016。

只指导那些愿意被指导的人

2002年1月的某一天，乔纳森开车来到谷歌山景城的办公室，他认为自己将在那里得到一份正式的工作，成为不断壮大的谷歌产品团队的负责人。他以为这份工作十拿九稳了，但一到那里，他就被带到一间普通的会议室，一个粗鲁的老头儿迎接了他。这是乔纳森第一次见到比尔。他不太记得比尔是谁，而且至少在一开始他没意识到，这个人是他求职道路上要过的最后一关。乔纳森想："没问题，我可是来自成功的科技公司@Home的高级副总裁，也算是个人物，我能搞定！"

比尔看了乔纳森几分钟，然后告诉乔纳森，他之前曾和@Home的一些重要人物交流过，包括公司的联合创始人汤姆·杰姆卢克（Tom Jermoluk）、首任首席执行官威廉·兰道夫·赫斯特三世（William Randolph Hearst III），以及谷歌董事会成员约翰·多尔。比尔说，大家一致认为乔纳森很聪明，工作也很努力。乔纳森的胸口有点儿喘不过气来。

比尔继续说："但我一点儿也不关注这些，我只有一个问题，你能接受别人的指导吗？"

令人遗憾的是，乔纳森立刻回答说："这得看是谁来指导我。"答错了。

比尔厉声说道："自作聪明的人都不会接受别人的指导。"他站起身准备离开，面试结束。这时乔纳森才意识到，他听说埃里克·施密特正在接受某个人的指导，天哪，一定就是这个人。

乔纳森从自作聪明模式切换到了谦逊模式，收回了他刚才说的俏皮话（其实并不完全是一句俏皮话），请比尔继续刚才的对话。又过了几分钟，比尔坐了下来，说起了他如何根据谦逊与否来选择与他共事的人。当领导者的关键不在于做自己，而在于为更大的事情服务，为公司和团队服务。比尔相信优秀的领导者会随着时间的推移而成长，领导力也会从他们所带的团队中慢慢累积到自己身上。他认为，好奇和想学新东西的人最适合当领导者，这个领导力成长路径容不下那些自作聪明的人和他们身上的傲慢。

比尔接着问乔纳森："你想从教练那里得到什么？"

这句话给人的感觉就好像是一个会改变人一生的时刻来临，事实上也确实如此。乔纳森想不出有什么好说的。最后，幸运的是，靠着像橄榄球里"孤注一掷"[①]一般的机会，乔纳森想起了汤姆·兰德里（Tom Landry）的一句话。兰德里曾在美国国家橄榄球联盟的达拉斯牛仔队执教长达29年，曾带领球队连续20个赛季获胜，并获得了两次超级碗冠军。"教练会跟我说我不想听的话，给我看我不想看到的东西，这样我就能成为自己一直想要成为的人。"乔纳森告诉比尔，这就是他想从教练那里得到的东西。

这句话奏效了。乔纳森不仅得到了这份工作，还拥有了他以为自己不需要的教练——事实上，他非常需要一个教练。

[①] 原文为 Hail Mary play，指比赛到了最后关头，某一方在落后几分的情况下不顾一切传球，希望博得反败为胜的机会。这种传球的距离往往很远，有时甚至长达60米以上。——译者注

要想从教练关系中得到最大的收获，自己首先要虚心接受指导。比尔指导的方式源于他自己的一种心态，即几乎所有人都有价值，而且每个人的价值并不取决于他的头衔或角色，而是基于他这个人本身。比尔的职责是让每个人变得更好，但前提是他们愿意接受指导。而且，乔纳森虽然是灵机一动，但他的能力远不止在紧要关头凭空（或者从记忆深处）抓一条简单的名言那么一点儿。

比尔在愿意接受指导的人身上寻找的是一些共性：他们要诚实谦逊，愿意坚持和努力工作，对学习也要保持一贯的开放态度。之所以要诚实谦逊，是因为成功的指导关系需要接受高强度的批评，要远远高过一般商业关系中的那种。教练需要知道被指导的对象有多了解自己，教练不仅要了解被指导对象的长处和短处，还要了解他们对自己的长处和短处的理解有多深，他们在哪些方面对自己诚实，他们的盲点又在哪里。然后，教练就要负责进一步提升他们的自我意识，帮助他们看到自己看不到的缺点。但人们一般不喜欢谈论这些缺点，这就是诚实谦逊如此重要的原因。如果一个人不能对自己和教练保持坦诚，如果他不够谦逊，认识不到自己有多不完美，那么他在这段指导关系中就不会有多大进步。

之所以要谦逊，是因为比尔相信做领导者是为了服务于比自己更重要的东西：你的公司和你的团队。现在很流行"服务型领导力"（servant leadership）的概念，而且人们直接把它与更优秀的公司业绩联系在了一起。①5 比尔在这个概念流行之前就相信并实践了这一理念。愿意接受指导的人能够意识到，它属于比自我更大的东西。一个领导者的自我意识可以很强，但他仍然属于一项更大的事业的一部分。这就是比尔投身于指导谷歌员工的原因之一。他预见到，谷歌有能力在世界上产生巨大的影响，这种影响力事实上会在各个方面都大过任何一位谷歌高管所能产生的影响力。

与诚实谦逊的人相对应的是成天胡说八道的人。约翰·亨尼西说："比尔受不了胡说八道的人。"约翰曾担任斯坦福大学校长，在多个方面与比尔有过密切合作。比尔反感胡说八道的人，与其说是因为他们对别人不诚实，不如说是因为他们对自己不诚实。成为一个愿意接受指导的人，需要从自己开始，对自己毫不留情地保持诚实。正如亨尼西所言："成天胡说八道的人是不会接受别人指导的，因为他们都开始相信自己说的胡话，他们还会掩盖真相来印证自己说的胡话，而这让他们变得更加危险。"

也许这种不宽容源自比尔的橄榄球经历。正如亨尼西所说："橄榄球场上可没有胡说八道的人的位置！"

---

① 2012年的一项研究表明，首席执行官是服务型领导的科技公司资产收益率会比较高，而首席执行官是自恋型领导的公司资产收益率会比较低。

只指导那些愿意被指导的人

愿意被指导的人的共性包括诚实谦逊、愿意坚持和努力工作，对学习也保持着一贯的开放态度。

练习自由倾听

在接受比尔指导的时候，你会发现他在全神贯注地倾听。他不会查看手机上的短信或邮件，也不会心不在焉地看表或者看窗外。他会一直听你说话。现在很流行说"在场"或"专注于当下"，虽然我们很确定比尔从来没有说过这些词，但他一直在很好地践行这两点。戈尔说，他从比尔那里学到了"认真关注眼前的人有多重要……要全神贯注地倾听他们的心声，这样才能真正理解对方讲的问题。这是命令，必须做到"。

艾伦·尤斯塔斯把比尔倾听的方法称为"自由倾听"——学术界可能叫它"积极倾听"，这个词最早出现在1957年。[6] 在实践中，比尔遵循了加州大学洛杉矶分校伟大的篮球教练约翰·伍登（John Wooden）的建议。伍登认为，不认真倾听是许多领导者的共同特点。伍登说："多多倾听会让所有人都聪明很多，我们不仅要听别人说话，而且不要边听边想自己要说什么。"[7]

比尔的倾听通常会伴随着许多问题，这也是苏格拉底和人交流的方式。2016年《哈佛商业评论》的一篇文章指出，这种提问方式对于成为伟大的倾听者至关重要："人们认为，最优秀的倾听者能经常提出问题，推动发现和洞见。"[8]

本·霍洛维茨说："比尔永远不会告诉我该做什么，相反，他会一次又一次地提问，以便了解真正的问题是什么。"本从比尔身上学到了这个重要的技巧，现在在和自己资助的公司的首席执行官们沟通时，本就会运用这一技巧。人们在寻求建议时，真正需要的往往是别人的认可。本说："那些首席执行官总觉得他们需要知道问题的答案，所以当他们让我给建议时，总是会问我一个事先准备好的问题。我从来不会直接回答这些问题。"相反，像比尔一样，他会问更多的问题，努力从多个方面了解情况。这能让他跳过事先准备好的问题（和答案），发现问题的核心。

好的倾听还能确保所有想法和观点都能被呈现出来。杰瑞·卡普兰在《创业》一书中讲了 GO 公司的一个故事，当时管理团队决定将自家计算系统的架构从英特尔的处理器转到精简指令集（Reduced Instruction Set Computer，简称 RISC）处理器。（如今大多数计算机用的都是精简指令集处理器，大多数智能手机也是。）

比尔当时是公司的首席执行官，根据杰瑞的讲述，这个重大战略决策是比尔在一次闹哄哄的管理层会议上提出的。公司当时刚刚开始与微软竞争，所以比尔认为，也许他们应该"走微软不走的路"，于是他让大家畅所欲言。大家讨论了一会儿，一开始还有点儿将信将疑，这时，曾在苹果公司和比尔共事（并成为他一生挚友）的迈克·霍默（Mike Homer）提出了换处理器架构的想法，公司联合创始人兼软件负责人罗伯特·卡尔（Robert Carr）则建议用精简指令集处理器。渐渐地，大家发现这个新的想法最好，所以公司就转换了处理器架构。[9]

当你倾听别人的心声时，对方会觉得自己受到了重视。瑞典隆德大学（Lund University）2003 年的一项研究发现，倾听、和员工聊天等"平凡琐碎的"事情是成功领导力的重要方面，因为"大家会感到自己在团队合作中更受尊重和关注，少了一些陌生感,而且被接纳"。[10] 2016年的一篇论文也发现,这种"带着尊重的询问"(即领导者问开放式问题,然后专注地倾听回应)很有效,因为它能让"追随者"感觉到自己能胜任工作(觉得自己受到了挑战,同时又精通业务)、和公司有联系(有归属感)、有自主权(感觉自己能掌控局面,同时又有选择权)。胜任、归属和自主是有关人类动机的自我决定论中缺一不可的三大因素,该理论最早由爱德华·德西(Edward L. Deci)和理查德·瑞安(Richard M. Ryan)提出。[11]

正如谷歌早期高管萨拉尔·卡曼加尔(Salar Kamangar)所言:"比尔总是让人感到振奋,无论讨论什么,我都感到自己在被倾听、理解和支持。"①

---

① 萨拉尔在谷歌公司成就卓著,曾帮助打造了谷歌的旗舰广告产品AdWords,后来还曾领导过YouTube。

练习自由倾听

全神贯注地倾听别人的意见，不要分心，也不要提前考虑接下来要说的话，然后问一些问题来了解真正的问题所在。

说出来的话就是事实

有一天，比尔顺道到 Chegg 公司拜访丹·罗森斯威格。丹刚刚在董事会上做了一番鼓舞士气的演讲。这家曾经一度濒临倒闭的公司比之前稳定多了，虽然业务没有增长，但也没有退步。丹和他的团队都兴高采烈的。

比尔戴着绿色透明遮阳帽——就是 20 世纪初会计师们用来减轻眼睛疲劳的那种帽子——走进了办公室。他在办公室里到处转了转，跟办公桌后面的大家打了招呼，最后来到了丹的办公室门口。

他说："恭喜啊，你拯救了公司，你现在是硅谷最成功的非成长型首席执行官了！公司的财务人员可能会很高兴，但也仅此而已，因为这并不是你来这儿的目的，不是吗？"他拥抱了丹，然后把帽子扔给了他。丹在那一刻意识到，他只解决了一个问题，一个大问题，但比尔说得没错，他要做的不只是救公司于水火，他想让公司发展壮大。这个事实就像迎面给了他一记耳光，现在他确实该继续埋头工作了。

比尔总是 100% 地诚实（他总是说大实话）和坦率（他也不怕提出刺耳的意见）。他从来都是个说话直来直去的人。谷歌董事会成员、亚马逊前高管拉姆·施里拉姆（Ram Shriram）说："比尔一直都很光明正大，从来不藏着掖着，他说出来的话就是事实，二者是完全一致的。"财捷联合创始人斯科特·库克说："他真的教会了我在给别人反馈时保持诚实，说真心话。即便是向别人传达有关他们工作业绩的坏消息,你也能(通过坦率的反馈)得到对方的尊重和忠诚。"

比尔的坦率之所以有效果,是因为我们一直明白他的坦率是出于对我们的关心。《绝对坦率》(Radical Candor)①是一本很好的书,它的作者是谷歌前员工金·斯科特(Kim Scott)。他说,优秀的老板"能在表达自己真实想法的同时,让别人感受到你的关心"。[12]例如,在上面丹·罗森斯威格的故事里,比尔就风趣地表达了自己的意见,用一个滑稽的道具(绿色遮阳帽)传递了一个强硬的信息(非成长型首席执行官)。比尔之所以肯戴上那个玩意儿当道具,是因为他真的关心丹啊!

提供坦率反馈的另一个关键在于不要等待。斯科特·库克说:"教练必须提供即时的指导,这样才更真实可靠。但很多领导者都不愿意当场给予反馈。"许多管理者会等到绩效考核时才提供反馈,但此时的反馈往往不会太多,而且来得太晚了。比尔建议当场(或随后很短的时间内)给反馈,要针对任务本身,而且一定要伴随着微笑和一个拥抱,以消除给对方带来的不愉快。

如果有特别关键的反馈,比尔则一定会私下与对方沟通。谷歌云(Google Cloud)负责人、VMWare 前首席执行官戴安娜·格林(Diane Greene)在财捷担任董事会成员时曾与比尔共事,她从比尔那里学到了不要公开让别人难堪。她说:"当对某人所做的事情感到非常恼火或不满意时,我会后退一步,强迫自己想想他做

---

① 该书简体中文版 2019 年由中信出版集团出版。——编者注

得好的地方,以及他的价值所在。你总能找到他的长处的。如果还有其他人在场,我会赞扬他做得好的地方。我还会尽快给他建设性的反馈,但我会在他觉得安全的时候说。当他感到安全、受到鼓舞的时候,我会先说'顺便说一下',然后告诉他我的反馈。这些都是比尔教给我的,他总是会以鼓舞人的方式提供反馈。"

在旧金山巨人队搬进漂亮的 AT&T 球场①之前,帕特·加拉格尔曾在球队的管理部门工作多年,见证了球队赢得的三次世界冠军。他是比尔的邻居和朋友,但也领教过比尔著名的坦率。比尔对帕特说:"你这个做市场营销的面对的却是全美国最差的球场(指的是巨人队之前的主场烛台球场②)和一支烂球队(我们假定帕特当时心情是稳定的),你最好尽你所能,保证良好的客户体验!你也就只能做这么多了。"

杰西·罗杰斯也有类似的故事。因为各自的孩子都在圣心学校上学,罗杰斯和比尔成了朋友,但当他犹豫自己是不是该辞职单干的时候,比尔成了他的教练。他们聊了很多,最后杰西决定试一试。几周后,在新办公室安顿好之后,杰西给比尔发去了他和别人共同创立的 Altamont 资本(Altamont Capital)的全新官网链接。几分钟后,杰西的电话响了。他以为能听到几句祝贺的美言,得到比尔口头上的赞许。然而比尔上来就说:"你的网站就是一坨屎!"接下来,他又花了几分钟说 Altamont 的网站为什么不合格:"这里是硅谷,你不可能在这儿成为一家成功的创业公司,

---

① 由于赞助权变更,该球场现更名为甲骨文球场。——译者注
② 由于位于旧金山湾附近,大风经常会影响烛台球场的棒球比赛。——译者注

却有一个糟糕的官网！"整整过了一两分钟，杰西才开口说话。"比尔最自然的状态就是反对和质疑你，"杰西说，"比尔最大的优点，就是他在给予负面反馈的时候很强硬、很固执。"①

比尔对孩子们也很坦诚。乔纳森的女儿汉娜从小就想去一流的大学足球队踢球，这在美国意味着必须进入美国国家大学体育协会（NCAA）规定的一级大学。比尔看了她的比赛，然后对她说，没错，她可以进入一级大学的足球队，甚至可能参加一些项目。或者，她可以选择去三级学校，成为那里的明星，同时接受良好的教育。汉娜感到很受挫，但她知道教练是对的。后来，她毕业于华盛顿大学圣路易斯分校，获得了工程学学士学位，在大四的时候帮助学校赢得了NCAA三级联赛的冠军，还入选了全美学术最佳阵容。

当然，因为是比尔，所以有时这种坦率会表现为非常直白的语言。梅森·兰德尔（Mason Randall）是圣心学校的明星运动员，也是比尔执教的八年级腰旗橄榄球队的四分卫。有一天，他们在和死对头门罗高中打比赛。梅森投球被截杀，最后让圣心学校输了球。他低着头，沮丧地走出球场，这时比尔走到了他身边。比尔把食指放到脸颊上弹了一下，问："梅森！这是什么声音？"

梅森用比尔经常说的一句话回答道："是我的头从屁股里冒出来的声音吗？"

---

① 尽管我们为撰写本书进行的所有采访都发生在比尔过世之后，但杰西是少数几个谈到比尔时使用现在时的人。许多人说，他们依然会想起比尔，想起他们之前做决策时比尔给他们提建议的情景。

"没错。抬起头来！输掉这场比赛的是整支球队！"

有意思的是，我们和比尔的交往经历证明，无论有多么不留情面，他的坦率都能让人感觉好一点。这似乎有违常理，毕竟别人说你把事情搞砸了，你会觉得自己很糟糕。但是比尔的批评却不会这样，带着关怀的直率效果很好！我们相信比尔之所以批评我们，是想帮我们变得更好。正如维诺德·科斯拉所说："很多人实际上并不会表达自己的想法，比尔却总能把他正在想的东西说出来。他表达的方式虽然会让人感到失望，但人们也会因此受到激励！这是一种非同寻常的天赋。"

Claris 公司的运营主管戴夫·金瑟回忆道，有一次，比尔打算解雇戴夫的一位高管同事。在"最后通牒"之前，比尔找到戴夫，告诉了他的打算，并问戴夫之后是不是能和那位高管谈谈。比尔认为这位高管需要一些精神上的支持。所以那天晚些时候，戴夫试探性地走进了那位高管的办公室，惊讶地看到他竟然很兴奋，干劲十足。比尔之前已经对他说了要他离职的消息，但那位高管却对此感觉良好。戴夫回到比尔的办公室，说自己已经让那个人重拾了信心——但事实上，那个人本来就没有因此感到受伤！

说出来的话就是事实

坚持保持诚实和坦率,将负面反馈和关怀结合起来,尽快给予反馈。如果是负面反馈,就私下单独告诉对方。

不要强行让别人理解你

当问完问题，听完了你的回答，批评你一通之后，比尔通常不会告诉你该做什么。他认为，管理者不应该抱着一个想法，强行让所有人理解它。他觉得不要告诉别人他们该做什么，而是要给他们讲故事，让他们自己理解为什么要这么做。

丹·罗森斯威格说："以前我总是把成功的目标描述一遍，然后把任务分给每个人，告诉他们该怎么做。比尔指导我给大家讲故事，当大家理解了我的故事之后，他们就可以把它和自己该做的事情联系起来。你得让别人相信你说的话。就好像橄榄球里的跑卫，你不能告诉他该跑哪条路线，你得告诉他己方的漏洞在哪里，阻挡方案是什么，然后让他自己弄清楚该怎么跑位。"

乔纳森经常觉得这个过程就像是在做测验：比尔先讲一个故事，然后让乔纳森继续思考，下次见面的时候，再看乔纳森是否能理解其中包含的道理，以及它的言外之意。YouTube 联合创始人查德·赫尔利（Chad Hurley）也有同样的经历。查德说："这就好像你和一位朋友坐在 OldPro（帕洛阿尔托的一家体育主题酒吧）里，他会跟你说说发生在他身上的事情。他并不是想对你说教，你只要听着就行。"

幸运的是，比尔期待的是同等的坦率。艾伦·格雷彻（Alan Gleicher）曾与比尔共事过，在财捷担任销售和运营主管，他把和比尔成功互动的办法总结成了一句话："别跳舞。如果比尔问了一个问题，而你不知道答案，不要像跳舞一样绕着圈说话，请告诉他你不知道！"在比尔看来，诚实和正直不只是信守诺言和讲真话，直截了当也很重要。直截了当对于有效的管理教练至关重要。好的教练不会把困难的话题藏着掖着，而是会主动把它讲出来，让对方明白问题是什么。

比尔的做法就是倾听，提供坦诚的反馈，并要求对方也报以同样的坦诚。学者称这种做法为"关系透明"，是"真诚领导力"的核心特征。[13]沃顿商学院的亚当·格兰特教授用另一个术语来形容这种做法："难以相处的给予者"。他在给我们的一封电子邮件中写道："我们常常在支持和质疑别人之间左右为难。社会学家对当领导和为人父母时遇到的这种困境得出了同样的结论：这是一种错误的二分法。你得在鼓励的同时有所要求，要保持较高的标准和期望，但也要给予达到目标所必需的鼓励。一句话解释，就是要给予严厉的爱。难以相处的给予者表面上粗暴而强硬，但他们内心深处有对他人最深切的关怀。没有人想听他们的批评，但每个人都需要听。"

针对组织的研究证明了一些比尔似乎凭借本能就弄懂了的事情：以上这些领导特质能让团队取得更好的成绩。一项对一家连锁零售商店的研究发现，如果员工认为他们的经理是真诚的（比如大家都认为经理"心口如一"），大家就会更加信任领导，店里的销售额也会更高。[14]

不要强行让
别人理解你

不要告诉别人该做什么,要给他们讲故事,然后引导他们做出最好的决定。

做一个勇气传道者

2014年，推特正在与谷歌就一项合作协议进行谈判，该项合作允许谷歌在其搜索结果中包含推特消息。时任推特首席执行官的迪克·科斯托洛和团队一起研究了一下这笔交易。大家对协议条款有很多担忧，因此团队主张先达成一项影响较小的协议，先行测试一下。迪克在随后与比尔的一对一教练会议上，向他汇报了事情的最新进展。

比尔告诉他："你们这是要搞蚂蚁搬家啊！"他对迪克说，他们不应该拐弯抹角，而是应该争取找到最大胆的方案。做大事时无法预料到所有细枝末节和可能遇到的问题，因此或许可以先签一份短期协议，但推特最主要的目的是办一件大事。比尔说："你们的想法很宏伟！不妨找一条更勇敢的道路向前推进。"因此，迪克让团队再把胆子放大一点儿，几个月后，推特公布了一项协议，允许谷歌访问推特的数据流。

比尔认为，让团队变得更有勇气是管理者应尽的职责。拥有勇气是件难事。因为害怕失败，所以人天生害怕冒险。管理者的任务就是要让大家突破自我。长期担任谷歌高管的肖娜·布朗（Shona Brown）把这样的管理者称为"勇气传道者"。作为教练的比尔就是一个永不停歇的勇气传道者。比尔·格利指出，比尔能"给人以信心"。即使你自己都没那么确定，他也会相信你能把事做成，而且他总会促使人们超越自我设定的界限。PayNearMe创始人兼首席执行官丹尼·沙德尔曾在GO与比尔共事，他说："与比尔会面给我的最大收获就是勇气。会面结束之后我总是会觉得'我能做到'。他相信人总能做到自己都不敢相信自己能做到的事。"

埃米尔·迈克尔说:"比尔总是能把勇气传递给我,而我也总是会因此受到鼓舞。我从比尔身上学到一点:要做一个给予别人能量的人,不要做抽走别人能量的人。"不断鼓励他人,给予别人能量,也已经被证明是教练最重要的两大特质。[1]15

希希尔·梅罗特拉于2001年创办了他的第一家公司Centrata。不久之后,他接到公司投资人之一打来的电话。这家公司遇到了困境,需要削减开支。这位投资人查阅了公司里每个人的简历,选好了他认为应该被解雇的人。他们大多是公司里资历较浅的人,投资人认为公司需要留住那些更有经验的人。问题在于,投资人选择的人大多是希希尔的联合创始人。希希尔认为让他们离开并非明智之举,但由于受到投资人的压力,他照做了。然后他打电话给比尔。

比尔大发雷霆。他问希希尔:"你的勇气去哪儿了?"希希尔说:"包括那个时候,他一直以来都建议我要相信自己的直觉。我那时才22岁!"比尔问希希尔,他是否认为解雇所有初级员工是正确的做法。希希尔说"不是",因为这些人是公司的联合创始人,他们更关心这家公司。而那些资深的人就像雇佣兵,情况不好的时候他们就会离开。比尔叫希希尔鼓起勇气,听从自己的直

---

[1] 例如,英国阿什里奇商学院2011年的一项研究把"鼓励他人"列为教练第三重要的特质,排在倾听和理解他人之后。

觉，于是希希尔掉转头，重新雇用了刚刚被他解雇的人。在接下来的几年里，这些人组成了公司的核心团队。

传递勇气并不是说比尔只会盲目地给人打气。他认为大多数人都有价值，而且他有丰富的经验和一双慧眼，所以他一般都知道自己在寻找的东西是什么。他的信誉就是这么好。他说你能做某件事，你就会相信他，不是因为他擅长给人鼓劲儿，而是因为他是一名教练，也是个经验丰富的公司高管。他鼓劲儿的话建立在你的能力和进步之上。教练鼓励别人时有一点特别关键：你的鼓励必须值得信赖。① 16

如果你相信他，你就会开始相信自己，而这能帮你完成摆在你面前的任何艰巨任务。Alphabet 首席财务官露丝·波拉特说："他同意我向前迈进，让我坚信自己的判断。"

当公司遇到难处时，信心就会变得更加重要。人称"米基"的米勒德·德雷克斯勒（Millard "Mickey" Drexler）曾经担任 J.Crew 和 Gap 的首席执行官，也曾与比尔在苹果公司董事会共事 16 年。他坚定地相信首席执行官得是个管理教练，在面临困境时尤其如此。他说，当情况不好的时候，"人们每天上班都要听到不好的消息，每个人都会感觉很糟糕。领导者不可能靠自己解决所有问题，团队士气低落的时候，问题就更难解决了。所以，领导者首先要树立起团队的信心"。

比尔为接受他指导的管理者们定下了很高的标准，他相信他

---

① 印第安纳大学的 Y. Joel Wong 2014 年发表的一篇研究论文表明，"鼓励者的可信赖度"是区分有效鼓励和盲目鼓劲儿的重要特征。

们可以成为优秀的管理者，而且会比他们自己以为的更优秀。这让每个接受他指导的人都有了一个明确的目标，当我们认为自己没有实现这个目标时，我们就会感到失望。比尔为我们设定的标准比我们为自己设定的更高，当你和有这种目标的人为伍时，他们便会积极地响应你。

做一个勇气传道者

相信别人要胜过他们相信自己，而且要促使他们变得更加勇敢。

向所有人展现完整的自己

Alphabet公司企业发展和法律事务主管戴维·德拉蒙德（David Drummond）是一名非裔美国人。他说："如果你具有一个非传统的背景，比如说是个黑人，通常不能很好地融入整个组织，你会在强大的压力下服从整体，不会表现出自己真实的那一面。大家认为，在硅谷工作的人要么得是技术型人才，要么得毕业于知名商学院。"比尔·坎贝尔两者都不是，但正如戴维所说，比尔仍然"向所有人展现着完整的自己"。

比尔和戴维曾经聊到过这一点，比尔给戴维提建议说，戴维的出身很大程度上决定了他是个什么样的人，他应该坚持这一出发点，把它作为自己的动力和力量源泉。"他让我不再刻意地想'我和所有人都不一样，我是个黑人'。"

为了撰写本书，我们采访了很多人，从中我们了解到，在"完整做自己"这个理念变得如此流行之前，比尔就曾努力地鼓励人们在工作中做自己。我们并没有直接从比尔口中听到这句话。在顶尖学校就读的白人异性恋男性（比如本书的几位作者）通常也不会有和在职场做自己有关的问题。但是，作为一个来自工业小镇的工薪阶层的后代，作为一位在20世纪80年代初空降到硅谷、拥有非技术学位的前橄榄球教练，比尔也有过和周围环境格格不入的感觉。不过他一直在完整地做自己，而且他对自己所指导的人的期望从没有比这个标准低过。他认为，如果一个人能够真实到在工作中也展现完整的自我，那他便会赢得同事们更多的尊重，而且当其他人也同样做自己时，他会更加欣赏这样的行为。

财捷前首席执行官布拉德·史密斯和 MetricStream 前首席执行官谢莉·阿尔尚博也从比尔那里得到了类似的建议。布拉德来自西弗吉尼亚州，说话口音很重，在他刚参加工作时，有人建议他接受语言训练来改掉这种口音。他决定不改。布拉德现在用完美混合了硅谷语调和西弗吉尼亚拖音的口音说："我意识到我的口音不是一个缺陷，而是一个特点。人们更喜欢与众不同的领导者，因为这能更容易地体现领导力。"谢莉是一位非裔美国女性，她刚参加工作在 IBM 做销售时，曾试图摆脱自己的文化背景，像其他人一样穿衣、做事。比尔帮她跨过了这道坎儿。她说："他鼓励我穿上我觉得最舒服的衣服，因为当你不再是你自己的时候，人们一眼就能看出来，然后他们就会试图找原因，从而滋生不信任。"

向所有人展现完整的自己

当人们可以完整地做自己,并把完整的自己带到工作中时,他们的效率最高。

以上便是比尔成功担任高管教练所凭借的基础要素，而在成为自己同事和直接下属的教练时，那些从比尔的指导中获益的人也贯彻了这些要素。比尔的指导从建立信任开始，随着时间的推移，他和被指导者之间的信任也持续加深。他在挑选被指导对象时非常挑剔，只指导那些愿意接受指导、谦逊的、渴望终身学习的人。他会全神贯注地倾听，从不分心。他通常不会告诉别人该做什么，而是会分享一些故事，让大家自己得出结论。他在给予的同时也会提出要求，同时保持绝对的坦诚。他是一个能够给人勇气的传道者，能够向他人传递极大的信心，同时设定很高的目标。

当你和他在一起的时候，所有这些因素能共同创造一个非常好的氛围——致力于让你变得更好的氛围。正如易贝前首席执行官约翰·多纳霍所说："关键其实并不在于比尔给了我什么样的建议和见解，和他在一起时，你闭上眼睛就会明白，指导的关键在于体会他这个人。我亲身感受到的比尔比我从别人口中听到的他更加丰富。"

第三章

先解决团队问题，再解决问题本身

谷歌在 2004 年 8 月上市时，把股票分成了两类：A 类股票是向公众出售的股票，每一股都有传统的投票权，一股一票；但 B 类股票持股人投票时，每股等于 10 票。B 类股票没有公开出售，而是由公司联合创始人拉里·佩奇和谢尔盖·布林以及首席执行官埃里克等谷歌内部人士持有。这种"双重"结构能确保谷歌的创始人和管理团队保持对公司的控制权。这种股权结构在当时并不常见，而且极具争议性，在首次公开募股之前的几个月里，它引发了公众的辩论。①

对于拉里和谢尔盖来说，这种结构是他们为公司设立的愿景的关键要素。他们敬佩沃伦·巴菲特（Warren Buffett），并对他的

---

① 早期具有双重股权结构的公司有福特、《纽约时报》公司和伯克希尔–哈撒韦公司。自 2004 年以来，同股不同权的结构已变得越来越常见，谷歌、领英和 Snap 等公司都采用了这种结构。

公司伯克希尔-哈撒韦（Berkshire Hathaway）采用的双重股权结构有所了解。他们一直认为，谷歌既是一家企业，也是一家机构。他们强烈认同长远思考的力量，热衷于做超乎寻常的事情，对其下重注，同时不会考虑股票市场的季度涨跌。他们担心谷歌上市之后失去这种"敢于创想"的习惯，所以才靠双重股权结构来防范这种情况的发生。他们解释说，他们的利益将永远与股东的利益保持一致，因为长远思考和长线投资是实现个人价值最大化的最佳途径。

埃里克发现自己处在了这场辩论的焦点上。在与两位创始人谈了几个小时后，他相信他们的方法是最好的。他认为，双重股权结构不仅能让谷歌在目前的业务上保持正轨，还能保证公司践行其"组织全球信息"的使命，并最终为股东创造出比传统股权结构更大的价值。他向董事会表达了自己的见解，但大家仍然有很多不同的意见。

与此同时，一些董事会成员本来就一直在考虑找一位更独立于公司的人来担任董事会主席，而关于双重股权结构的讨论强化了他们的这一想法。他们问埃里克是否愿意辞去董事会主席一职，继续担任公司的首席执行官。

面对这种态度，埃里克感到很受伤。他觉得自己在担任董事会主席兼首席执行官的三年里做得还不错，而且就他所知，董事会也是这样认为的。他赢得了创始人和员工的信任，公司业绩很好，马上就要上市。就因为这个（股权结构的事），他们就想解除他的董事会主席职务？于是他和比尔通了电话，谈了自己对形势的看法。

"你打算怎么办？"比尔问道。

当时觉得自己的自尊心受到伤害的埃里克说："我要离开谷歌。"

比尔说："好啊，什么时候离开？"

在那一刻，作为谷歌高管团队的教练，比尔成了决定公司未来的关键人物。

科技界最伟大的团队即将解散。比尔不能让这种事情发生。决定所有这一切的董事会会议将在几天后的周四举行，届时，埃里克不仅将辞去董事会主席职务，还可能卸任首席执行官一职。比尔行动了起来。

比尔·坎贝尔是一名团队管理教练，他的职责是建立团队，塑造团队，把合适的人放到合适的位置（以及让不合适的人从不合适的位置离开），为大家加油，并在团队表现不佳时给予批评。他知道，正如他经常说的那样，"不依靠团队，你会一事无成"。这一点在体育领域显而易见，但在商业世界却常常被忽视。李·博林杰说："只有实现大家共同的目标，一个人才能真正取得成功。人们对这句话有许多误解，即使他们真的理解了，也不知道该如何做到这一点。而这正是比尔的天才之处。"

比尔有一条指导原则：团队至高无上。而他在人们身上寻找和期待的最重要的品质，就是"团队至上"的态度。团队要想成功，每个成员都必须忠诚，并能在必要时将团队利益置于个人利益之上。让团队取得胜利最重要。正如查尔斯·达尔文在其所著的《人类的由来及性选择》（*The Descent of Man, and Selection in Relation to Sex*）一书中所说："一个部落中，如果许多成员都具有高度的爱国之心、忠诚、服从、拥有勇气和同情心，而且大家总是愿意相互帮助，愿意为了共同的利益而牺牲自己，那么这样的部落将战胜大多数其他部落。这属于自然的选择。"[1]

早在 2004 年，比尔就准确地估计到，对于即将到来的首次公开募股，对如何构建公司结构的讨论，以及对埃里克辞去董事会主席职务的想法，人们会感到愤怒。他理解埃里克受到的伤害，也知道这个团队需要埃里克留下来。他还认为，在当时和可预见的未来，埃里克是公司董事会主席的最佳人选。于是他考虑了一下当时的情况，第二天给埃里克打了电话。他说："你不能离开，这个团队需要你。你暂时辞去董事会主席一职，继续担任首席执行官，怎么样？"比尔还说，之后不久，他将确保埃里克重新被任命为公司董事会主席。

比尔提出了一个合理的妥协方案，并恳请埃里克保持对谷歌的忠诚。他对埃里克说："现在你不必跟别人争辩什么，你的自尊心妨碍了你做出对公司和对你自己最好的决定。"

埃里克觉得比尔说得对，而且他毫不怀疑地认为比尔会兑现自己的承诺，所以他同意了比尔提出的方案。他们一起讨论了第二天的董事会将如何进行，到周四的时候，埃里克已经做好了充分的准备。他辞去了董事会主席的职务，继续担任首席执行官。后来，2007 年，他被重新任命为谷歌董事会主席，直到 2011 年 4 月。从那时起到 2018 年 1 月，他一直担任谷歌公司执行主席。①

---

① 2019 年 4 月 30 日，谷歌公司宣布，埃里克·施密特将在 2019 年 6 月 19 日董事会任期结束后退出董事会，仅作为公司的技术顾问。——译者注

许多人可能会认为，埃里克没能坚持太久的离开谷歌的决定完全是疯了，看看他会错失多少股票啊！但在团队，尤其是表现优异的团队中，其他事情也很重要，这不只是钱的问题！目标、自豪感、雄心、自我……这些也是很重要的驱动力，任何管理者或教练都必须加以考虑。比尔知道他必须从情感和理智两个层面鼓励埃里克坚持下去。他建议的妥协方案奏效了。

在提出这个方案的时候，比尔并没有得到董事会的同意，大家并没有答应会在不久的将来恢复埃里克的董事会主席职务。比尔清楚地知道，恢复埃里克的职位对公司来说是正确的决定，而作为教练，他有能力让这样的事情发生。比尔的正直和他一贯良好的判断力起了关键作用。当时机成熟、首次公开募股成功、大家的情绪平静下来之后，比尔就会建议董事会重新任命埃里克为董事会主席。事情也恰恰是这样发展的。

这是一个高风险团队建设的例子，涉及数十亿美元的首次公开募股，投资者、创始人和公司高管讨论的问题也很棘手。但正是在这种情况下才最需要团队教练，这个人应该能够跨越个人利益，理解所有团队成员共同创造的价值。团队建设对所有公司都至关重要，而比尔所倡导的原则也适用于组织的每一个层面。公司高管团队的凝聚力建设则要困难得多，因为大家的自我意识都很强，抱负也都很大。

高管们可能有机会接受一对一的高管教练，但可以做高管团队教练的人则是凤毛麟角。说到底，一个全是大咖的高管团队可能也会有管理教练，但他们其实并不是真的在做管理咨询，而只是坐着看高管团队里的各位发挥！那么，为什么由公司最有才华的人组成的高管团队需要一位教练呢？帕特里克·皮谢特说："在刚加入这家公司时，我觉得很奇怪。谷歌有这么多了不起的人，他们为什么还需要教练？"

事实上，在谷歌的架构形成期，比尔在培育公司管理团队方面的影响力怎么夸大也不为过，而且这种影响力一直持续到他去世。正如谷歌前销售主管奥米德·科德斯塔尼（Omid Kordestani）所言："谷歌高管团队很像一个社群，这是它很特别的一个地方，而比尔就是促成这个社群的黏合剂。"

作为团队管理教练，比尔会怎么做？他的第一反应总是去关注团队，而不是解决问题本身。换句话说，他关注的是团队的情况，而不会试图解决团队遇到的具体挑战——后者是团队该做的事。比尔要做的是团队建设、评估人们的才能，然后找到实干家。他要解决的是最大的问题，是会让事情恶化并导致关系紧张的棘手问题。他专注于赢，但更希望能以正确的方式赢，而且在情况变糟糕时，他会加倍遵从自己的核心价值观。他会通过消除人与人之间的误解来调解难题，他首先会倾听、观察，然后把相关人员找来私下交谈，最后让团队复合如初。

谢丽尔·桑德伯格说："你时刻都能感觉到比尔是在打造一支队伍，他做的不是高管培训或职业指导，他谈的永远不是我这个人如何如何，而一直是这个团队如何如何。"

先解决团队存在的问题，再解决问题本身

在几年前的一次谷歌内部会议上，大家讨论了一下正在进行的一些业务的成本问题。拉姆·施里拉姆忧虑地说："成本支出越来越高了！我们是不是该仔细讨论一下我们要如何处理这个问题？"大家讨论了几个来回之后，比尔发言了。"别担心，"他说，"我们有最合适的团队，他们正在解决这个问题。"

拉姆说："我从中学到了一些东西，比尔没有一上来就解决问题本身，他关心的是这个团队。我们没有去分析这个问题，而是讨论了一下团队里的人员配备，以及他们能否解决这个问题。"

管理者倾向于关注眼前的问题。情况如何？有什么问题？我们有什么选择？诸如此类。这些问题都值得去探讨，但比尔的本能告诉他：要靠更根本的方式去领导一个团队。谁在解决这个问题？我们是否有合适的解决问题的人？他们有没有获得成功所需的资源？桑达尔·皮查伊说："当我成为谷歌的首席执行官时，比尔建议我说，'在这个位置上，你比以往任何时候都更需要依靠别人。选好你的团队，千万要努力思考这个问题'。"

在解决2010年遇到的一个问题时，比尔就帮我们采取了这种思路。当时苹果公司（其实就是史蒂夫·乔布斯）认为，谷歌的安卓操作系统侵犯了苹果为iPhone开发的专利。苹果起诉了谷歌的商业伙伴、安卓手机的制造商。对比尔来说，这不仅仅是个业务或法律问题，还和他自己有关。他是乔布斯的好友，是苹果董事会成员，也是谷歌领导层非正式但有相当影响力的教练。此事

就像他的两个孩子在打架，只不过涉及的利益比小孩子最喜欢的玩具重大得多。

比尔的方法依旧是专注于团队而非问题。尽管他对有关问题和手机功能相当了解，但他甚至从未就任何一方论据的是非曲直给出过意见。不过，他确实建议埃里克让对的人来负责与苹果公司的对话，这个人便是艾伦·尤斯塔斯。艾伦成了面对苹果公司的首席外交官，他的工作是确保两家公司之间的关系不会破裂。

在比尔职业生涯的后期，谷歌计划对公司结构进行一次重大改革。公司正在组建一家新的控股公司，名为Alphabet，并将其投机性投资（统称为"其他业务"）从母公司转移到其他独立的公司。这一全新组织架构是公司运营结构和管理文化的重大转变。桑达尔·皮查伊升任谷歌掌门人，拉里·佩奇将出任Alphabet首席执行官。与此同时，公司销售主管尼基什·阿罗拉（Nikesh Arora）离职，导致关键领导职位空缺。谷歌联系了公司首任销售主管奥米德·科德斯塔尼。他会有兴趣回来吗？

奥米德说："很显然，销售业务将转到Alphabet，桑达尔将担任谷歌的首席执行官，但当时还不清楚我们将如何实现这一目标，这涉及许多复杂的步骤。"当他和比尔谈话时，他们没有谈公司运营上的变化，也没有谈这一变化所涉及的任何战术或战略。他们聊的是团队。比尔想要一个关心公司及其员工的人来帮助完成这一转变，而这个人正是奥米德。奥米德说："在这种时候还能如此关心团队是很不寻常的事，因为转变的过程往往是相当残酷的。但比尔不这么认为，管理团队是他最看重的东西。"

先解决团队存在的问题，再解决问题本身

当面临问题或机会时，首先要确保有一个合适的团队，而且这个团队在努力处理这个问题或机会。

选对人

比尔说:"如果你在经营一家公司,就必须让自己身处一批非常非常优秀的人中间。"这并不是他最语出惊人的说法——确保招到比自己更聪明的人,是商界的一句口头禅。"代表首席执行官管理特定职能部门的每个人都应该比首席执行官更擅长管理这个部门。有些时候,他们代表的是人力资源或者信息技术部门,但大多数时候,他们代表的是公司。这些管理者都是聪明人,都有很强的能力,而公司希望他们能贡献出自己最好的点子。"

比尔会在人们身上寻找四种特质。第一,必须聪明,不一定是学习成绩好,更多的是要能够在不同领域快速学习并开展工作,同时在该领域建立人脉。比尔把它叫作"远距离类比"的能力。第二,必须努力工作。第三,非常正直可靠。第四,必须具备一个很难被定义的特征:坚韧不拔,指的是在被击倒后,有热情和毅力站起来并再次冲锋的能力。

如果比尔认为一个人具备这四种特质,他就会容忍这个人身上其他的很多缺点。当他在面试中评估求职者的这几个特质时,除了问对方做了什么,还会问他们是怎么做的。如果求职者说自己"领导了一个实现收入增长的项目",那么了解他实现收入增长的过程,能让我们了解他参与该项目的深度:他实际动手做事了吗?他是实干家吗?他有没有组建团队来做这件事?比尔会留意对方回答中的代词:这个人说的是"我"(这个代词可能说明了"以我为先"的心态),还是"我们"(这可能表明这个人注意团队

合作)？①2

比尔还非常看重一点：求职者是不是停止了学习。他的答案比问题还多吗？这可不好！

他要找的是一个对事业专注的人，而不是只关注自己成功的人。团队至上！正如桑达尔·皮查伊所说，公司要找的是"那些明白自己的成功取决于良好合作、能够互相让步，以及能把公司放在第一位的人"。每当桑达尔和比尔发现这样的人时，"都会非常珍惜他们"。

怎么才能知道自己找到了这样的人呢？可以留意一下他们曾经因何放弃，以及是否会为他人的成功而感到激动。桑达尔指出："有时候，做决策意味着你不得不放弃一些东西。我会特别关注（overindex）人们放弃某件事时所透露出的信号。② 有人也会因为公司里其他事情运转良好而感到兴奋，这些事情与他们无关，但他们会很激动。我会留意这些细节。这就好比替补席上的队员为球队里的其他人欢呼，比如斯蒂芬·库里（Steph Curry）就会在凯文·杜兰特（Kevin Durant）投出好球时激动得跳起来。这种反应

---

① 这是罕见的现有研究不支持比尔管理原则的例子。正如詹姆斯·彭尼贝克（James Pennebaker）在他所著的《代词的秘密生活》（*The Secret Life of Pronouns*）一书中所说，说"我"还是说"我们"并不足以说明一个人不擅长或者擅长团队合作。它只能用来显示一个人的地位。地位较低的人（例如公司里的独立贡献者、大学一年级的学生）说"我"的频率更高，而地位较高的人（例如高管、教授）说"我们"的频率更高。我们觉得这一点也不好笑。
② overindex 本义是"过度索引"，是极客用来表示"特别关注"的一种说法。

是装不出来的。"①

2011年，埃里克辞去了谷歌首席执行官一职。在随后的重组中，乔纳森也被解除了产品主管一职。他当时在考虑一些选择，包括去管理谷歌的企业业务（也就是现在营收数十亿美元的谷歌云），但他决定拒绝所有选择。重组让他感到很伤心，认为其他职位都是降级任用。比尔对此非常失望，因为乔纳森把他受伤的自尊放在了最有利于谷歌团队的选择之上（事实上，这些选择对他自己来说也是好事）。他犯了一个"源于自我意识和情绪化的错误"，比尔觉得乔纳森也许应该把思路从岗位职级上转移开。

他建议乔纳森多花点时间考虑该如何抉择，并且继续定期与他会面。在比尔的帮助下，乔纳森后来担任了其他职务，重新回到了谷歌管理团队。比尔没有放弃乔纳森，但比尔也永远不会让乔纳森忘记他曾让团队失望过。乔纳森的这个案例颇为生动地说明：当变化发生时，人们必须优先考虑对团队来说最好的选择。

比尔十分重视勇气，也就是人们承担风险、为有利于团队的事挺身而出的意愿，虽然这可能意味着个人需要承担风险。在桑达尔·皮查伊谷歌职业生涯的早期、成为谷歌首席执行官之前，他经常会在觉得事情不对的时候说出来，在向我们汇报的时候就向我们反馈，后来他当了首席执行官便向拉里·佩奇直言。做到这一点需要勇气，但正如桑达尔所说："当我说出自己对这些难题

---

① 斯蒂芬·库里和凯文·杜兰特是NBA金州勇士队的明星，桑达尔（勇士队的大粉丝）说这句话时，他们刚刚赢得4年来的第三个联盟总冠军。

的想法时，比尔总是很欣赏我这么做，因为他知道我是出于对公司和产品的关心，这也是我这么做的出发点。"

对于直言不讳的员工，现在的桑达尔也会给予同等的尊重。"有些人极富团队精神，真心关心公司。他们的意见对我来说很重要，因为我知道他们都是出于公心。"

比尔很喜欢和那些"难以相处"的人打交道，因为他们对自己的观点更加直言不讳，偶尔也会粗暴无礼，而且他们不怕与潮流或大众背道而驰。艾伦·尤斯塔斯形容这类人时说："（他们）就像是不成形的钻石。"比尔与史蒂夫·乔布斯的友谊证明了这一点，他与谷歌的拉里·佩奇和谢尔盖·布林、财捷的斯科特·库克等其他创始人的长期合作关系也证明了这一点。他们可都不是那种很好相处的人！我们认为比尔并没有主动寻找具有这种个性特征的人，但他确实能够容忍甚至接受他们。其他人可能觉得很难和这类人相处，但比尔觉得他们很有意思、值得一交，有时还会帮他们打磨掉一些个性的棱角。最有效的教练会容忍甚至鼓励团队成员有一点儿古怪和"刺儿头"。无论是运动员、创始人还是企业高管，那些表现优异的人往往都"很难相处"，而团队需要这样的人。

谢丽尔·桑德伯格说，2001年底她第一次见到比尔时，是她在谷歌工作的第一周。他问她："你在这里做什么？"当时谢丽尔的职位是"事业部总经理"，而这个职位在她来之前并不存在。事实上公司里没有事业部，所以她也没什么好管的。她回答说，自己以前在财政部工作。比尔打断她说："好吧，但是你在这里做什么？"这一次，谢丽尔按着自己对这个职位的设想回答了他。比尔还不满意："但是你在这里做什么呢？"谢丽尔终于如实回答说，目前她还什么都没做。谢丽尔说："我学到了非常重要的一课，他问的不是我过去做了什么，也不是我想做什么，而是我每天正在做什么。"这也许就是比尔在人们身上寻找的最重要的特质：每天都在努力工作，而且工作有影响力。他要找的是实干家。

在对员工进行绩效评估时，考虑他们与团队和公司的匹配度很重要。人们——尤其是硅谷的人——喜欢找"超级英雄"，这类人拥有超凡的智慧和悟性，什么都会做，并且做任何事情都能做到最好。到了公司的高层，这种倾向被进一步放大。正如菲利普·辛德勒所说："比尔说过，球队里不能只有四分卫，（所以）管理者要重点关注团队的人员构成，巧妙地将各种人才组合在一起。"人人都有自己的局限性，了解每位团队成员非常重要，你得找出他们各自所长，然后看如何帮助他们与团队其他成员相互配合。比尔非常欣赏高超的认知能力，同时也理解软技能（比如移情）的价值，这些技能在企业中并不总是很受重视，在技术型企业中尤其如此。在谷歌，他让我们认识到，只有智慧和心灵的结合才能造就优秀的管理者。

比尔并不过分强调经验的作用。他看的是技能和心态，而且他能预测出你能成为什么样的人。这属于教练独有的天赋，他能够看到一个人的潜能，而不仅仅是这个人目前的表现。也许以下说法并不完全准确：正如斯坦福大学教授卡罗尔·德韦克（Carol

Dweck）在 2006 年出版的《看见成长的自己》(*Mindset*)[1] 一书中指出的那样，一个人真正的潜力是不可知的，因为"仅凭多年的热情、辛劳和训练，是不可能预见他会取得什么成就的"。[3] 但是，即使无法准确判断，你也可以相信人的潜能，而不要仅仅因为他们缺乏经验就忽视他们。一般来说，企业都会聘用有经验的人：我在为 ×× 工作招人，所以我想找一个有多年从事 ×× 工作经验的人。如果你要打造的是一个高绩效团队、一个面向未来的团队，那最好在招人时兼顾经验和潜能。

挑选合适的团队成员，还会涉及重新考虑公司现有成员中，还有谁应当被纳入这个团队。在乔纳森管理谷歌产品团队时，他的手下有好几位产品管理主管。但由于公司组织架构使然，团队里并没有包括工程主管。在分配人员和资源时，这种安排就导致了一些冲突，产品主管的意见并不总和工程主管的意见一致。乔纳森主持的全员会议常常被用来争论和这些决定有关的事情，有人还会抱怨工程主管没来开会。

比尔给乔纳森的建议很简单：为团队增加一些人手。乔纳森应该邀请工程主管来参加他主持的全员会议，而且不是哪一次会议邀请，而是要次次邀请。然后让他们必须参加产品计划讨论，提出自己的观点，最后无论做出什么样的决定，都要得到所有人的支持。这些会议不是要让乔纳森展示他对所讨论主题的把控能力，也不是要让他指点大家该做什么（根据比尔的观察，有时乔

---

[1] 该书简体中文版 2011 年由中信出版集团出版。——编者注

纳森确实会这么做），而是要让团队凝聚起来。要想凝聚团队，唯一的办法就是把处于分歧焦点的人拉进来。当然，以后还会有很多争论，但由于参会的人员构成更加丰富，这些争论都能被更快地解决，从而在不同群体之间建立起更为牢固的关系。

在早期的商界生涯中，比尔就显露出选人的技能。埃里克·约翰逊是比尔在柯达的同事。埃里克说，当时的柯达非常赚钱，所以它并不太会裁掉表现平平的员工。比尔当时也不是个懂得裁人的人——后来担任财捷首席执行官时，他不得不裁掉一些人，这才学会了更好地处置业绩不佳的员工。然而在柯达，他培养了一种能在任何部门找到"实干家"并让这些人表达观点的才能。在一家大公司里做到这一点并不总是那么容易，但是比尔会在别人身上寻找他在求职者身上寻找的那些特质：聪明、勤奋、正直、有勇气。然后，他会想办法正式或非正式地把这些人召集到一起，围绕特定的项目或问题进行讨论，并推动事情落地。

埃里克·约翰逊回忆说："人们总是期待与比尔会面，因为他在主持会议或把大家召集到一起时，总会让整场讨论以结果为导向，每个人都要参与其中并贡献思路。事实上，大家非常喜欢开这种会议，能作为一个团队的一分子，是件积极和有趣的事。"

选对人

管理者应该寻找的重要特质包括：快速学习的能力、努力工作的意愿、正直、有勇气、有同理心，以及团队至上的态度。

把大家聚在一起

前文提到，比尔非常重视同事之间的关系。团队建设中非常重要但经常被忽视的方面，就是培养团队成员之间的关系。团队成员之间的关系可以自然形成，但这种关系的培养也很重要，不应该让它听天由命。所以比尔会找一切机会，把人们聚在一起。他会找一些平常不在一起工作的人，让他们合作完成一个任务、项目或决策。无论他们做什么，这种合作通常都能在他们之间建立起信任。[①]4

这也是比尔最初向乔纳森提出的建议之一。在参加了几次全员会议后，比尔告诉乔纳森，他需要更多地给下属提供管理指导，并让他们在一些事情上相互配合。不要只是像独裁者一样给大家分配任务，而是要把大家聚在一起！因此从那时起，在为财报电话会议准备材料、组织团建活动、研究薪酬和晋升阶梯、开发内部工具等项目上，乔纳森放弃了直接分配任务的做法，开始把不同的人组合在一起共同完成任务。最后的收获也很明显：决策得到了优化，团队也变得更加强大。

比尔也建议乔纳森自己去和不同的人交流。当帕特里克·皮谢特加入谷歌担任首席财务官时，比尔叫乔纳森把皮谢特找来，在去公司的路上指点指点他。这对帕特里克很有帮助，同时也在

---

① 乔治城大学的丹尼尔·麦卡利斯特（Daniel McAllister）1998年的一项研究表明，信任会随着管理者和下属之间互动频率的增加而增加。

埃里克的高管团队中培养了彼此信任的关系,而这正是这种做法的真正目标。完成任务很重要,但同事之间有机会在某件事上共同努力,并相互了解和信任,也同等重要。这对团队的成功有着不可估量的作用。

同事反馈问卷

比尔对同事关系的重要性感同身受，因此他设计了一套我们在谷歌使用多年的同事反馈问卷。回答问卷的人要提供关于同事的反馈，在比尔看来，这些结果能很好地展示一个人在同事眼中的表现如何，而同事是绩效考核时最重要的打分者。

这项调查最初想让人们从四个方面对一个人的表现给出意见：工作表现、与同事的关系、管理和领导力，以及创新能力。后来，比尔坚持要扩展问卷的内容，把一个人在会议过程中的表现也囊括进来，因为他对人们在开会时摆弄手机或电脑感到很生气！我们后来又添加了一个关于合作的问题，还专门针对产品主管设置了一些有关产品愿景的问题。完整问卷如下：

核心表现

针对过去的一年，你在多大程度上同意或不同意该同事：
- 在本职岗位上拥有出色的表现。
- 展现出了世界级的领导力。
- 取得了最符合谷歌公司以及自身所在组织利益的成果。

- [ ] 通过创新或应用最佳实践，扩展了谷歌的业务范围。
- [ ] 有效地与同事合作（例如能愉快地共事，或与他人共同消除障碍、解决问题），并在其团队中倡导这一点。
- [ ] 在高级管理人员会议期间做出有效贡献（例如会前准备充分、积极参与讨论、认真倾听、保持开放心态并尊重他人、建设性地表达异议）。

产品主管表现

针对过去的一年，你在多大程度上同意或不同意该同事在如下方面展现出了堪称模范的领导能力：

- [ ] 产品愿景。
- [ ] 产品质量。
- [ ] 产品执行。

开放式问题

- [ ] 是什么使每一位高级副总裁与众不同，并使其在当下发挥了自己的作用？
- [ ] 为了更好地发挥其作用或产生更大的影响，您会给每一位高级副总裁什么建议？

把大家聚在一起

同事之间的关系至关重要，而且常常被忽视，所以要寻找机会，让大家能共同完成一些项目，达成一些决策。

坐到主桌来

在20世纪80年代，科技公司的高管大多是男性，女性很少。[1] 苹果公司负责美国地区人力资源的德博拉·比翁多利洛（Deborah Biondolillo）就是其中之一。不过，当每周一次的首席执行官全员会议召开时，德博拉总会坐在墙边的一排椅子上，而不是和其他高管一样坐在主桌。比尔忍不了这个。他会问德博拉："你坐在后面干什么？坐到桌前来！"终于有一天，德博拉很早就到了会场，紧张地在主桌找了个座位。其他人陆续来了，阿尔·艾森施塔特（Al Eisenstat）坐在了德博拉旁边。阿尔是苹果公司的总法律顾问，也是一位充满活力的高管，在比尔加入之前，他是苹果公司数位营销主管之一，权力很大，在苹果早期成长过程中起到了重要作用。他还以粗鲁著称。那天当他坐在座位上时，惊讶地看到德博拉坐在自己旁边。"你在这儿干什么？"他叫了起来。

"来开会啊。"德博拉的回答比她自己的感觉更有自信。

德博拉后来说："阿尔看了我几秒钟，然后他看了看比尔。就在那时，我知道一切都会好起来的，比尔会支持我的。"

在我们的职业生涯中，比尔比任何人都更提倡女性"坐到主桌来"。早在多元化成为公共话题之前，他就认为团队应该实现性

---

[1] 30年后，科技领域高管中的女性仍然占少数。2016年美国平等就业机会委员会的一份报告指出，20%的高科技公司高管是女性，而2018年一份由Entelo公司发布的女性科技报告称这一比例为10%。

别均衡。这有点儿违反直觉：比尔会说粗口，喜欢橄榄球和讲无害的下流笑话，很会安排男士们一起旅行，还喜欢喝啤酒。他是个真正的男人。除了说粗口之外，大多数"有男人味儿"的活动都发生在工作时间之外，但也并非完全如此。有时候，这可能会让至少一些和比尔共事的女性感到自己受到了排斥，有些女同事可能也不喜欢在运动酒吧喝啤酒时讲笑话。然而，所有和我们交流过与比尔有关的事情的女性，都能接受他的风格，因为她们眼中的比尔是一个直言不讳的人，即使在传递棘手信息时也带着尊重、热情和坦率。

我们很早便从比尔那里学到，在打造团队时，必须摒弃偏见（而且我们每个人都会有偏见）。对他来说，这是很简单的道理：胜利靠的是优秀的团队，而优秀的团队里一定要有更多的女性成员。在这一点上，2010年的两项研究证实了比尔的观点。他们研究了不同团队的集体智慧：为什么有些团队比所有成员个人的智商加起来还要"聪明"？原因有三：第一，高效团队中的每个人都会做出贡献，不会由一两个人主导讨论；第二，这些团队中的成员更擅长理解复杂的情绪状态；第三，团队里的女性成员占比更高。在一定程度上，我们可以认为这是因为女性往往比男性更善于理解他人的情绪状态。[6]因此，比尔总是鼓励我们考虑让女性担任高管，他认为"你总能找到一位适合某个职位的女性，只是可能寻找的时间会长一点"。他还会在力所能及的时候帮公司寻找女高管，比如2015年，他就请来了露丝·波拉特担任谷歌的首席财务官。

他鼓励接受他管理指导的女性更加积极地争取更高的职位，承担更多和利润表相关的责任，尤其要努力争取人力资源或公共关系等由女性主导的"典型"领域之外的机会。[①]他还会把自己认识的成功女性介绍给其他成功女性。他对公司里大家交谈时出现的任何性别偏见都持零容忍的态度。

比尔帮助伊芙·伯顿（Eve Burton）进入了财捷董事会，并曾在她担任赫斯特（Hearst）媒体集团高级副总裁和总法律顾问期间，与她进行了广泛的合作。他曾就正在谈判的多个协议内容向伊芙提供指导，他们二人还让哥伦比亚大学和斯坦福大学在新闻学和技术方面建立了合作伙伴关系。但对比尔来说，最重要的工作莫过于赫斯特实验室（HearstLab），在比尔的督促和指导下，伊芙在赫斯特创立了这个专门面向由女性领导的初创公司的商业孵化器。赫斯特实验室旗下公司现在的总价值超过了2亿美元！伊芙说："这是他推动我做的最后一件事，他希望女性创业者也能有地方孵化自己的企业并让它们取得成功。"

他还希望女孩子们也能多多参与橄榄球运动。有一天，戴安娜·格林参加财捷的董事会会议，其间她和比尔聊起了孩子。戴安娜的儿子在他所在的中学打腰旗橄榄球，她正在上5年级的女儿抱怨说，男孩子们能打橄榄球，女孩子们不能，这不公平。比尔让戴安娜周四下午带女儿到阿瑟顿附近的圣心学校去。他没说具体要做什么。当戴安娜和女儿到圣心学校后，她们看到一群女

---

① 利润表体现了事业部或公司负有的财务责任。

中学生正在练习橄榄球。比尔在球场上指导她们,和指导男生球队时一样精力十足(说的话也同样直接生动)。戴安娜说:"他想让我女儿看看,女孩也能打橄榄球,他指导的是一支橄榄球队,哪怕队员都是女生也没关系。他只是找了个时间让我们理解了这一点,几乎没有靠语言来表达。"

他也会花时间和成年女性组织成员交流。例如,在成为 MetricStream 公司首席执行官后不久,谢莉·阿尔尚博就创立了一个女首席执行官组织,为彼此提供支持和指导。她邀请比尔参加了该组织的一次会议,会上大家相谈甚欢,此后便开始定期举办活动。他们会一起到比尔在帕洛阿尔托的办公室,花几个小时讨论某个特定的话题。比尔通常都会精心策划、筹备每次的讨论。他不会告诉大家该做什么,而是会讲述他自己的故事,然后问一些问题。

在大多数讨论中,"与会的首席执行官都是女性"这件事甚至都不会被提起,而且也没什么特别的意义。然而,当大家真的谈到多元化的时候,或者当一些女首席执行官谈到她们所经历的一些偏见时,比尔总是会感到很沮丧。他会提醒她们,碰到机会的时候,要想着与会的其他女同胞。可不要小看这句提醒:2017 年《哈佛商业评论》上的一篇文章指出,弱势群体中的成员有时会不愿意将属于同一群体的其他成员纳入自己所在的组织,因为他们不想被认为受到了特殊对待,而且他们会担心被他们引荐的人可能"不够格"[7]。所以比尔总是对谢莉和其他女首席执行官说,如果她们想招募董事会成员,请首先看看女首席执行官组织里有没有合适的人选。

在自己位于印度班加罗尔的分公司启动一个针对女性的多元化项目时，谢莉想到了比尔。他们在那里有1 000多人，其中30%是女性，这个比例在当时的印度科技公司里已经很高了。项目启动后不久，她前往印度查看业务情况，了解该项目的进展。她把多元化委员会和高管团队召集到了一个小会议室里，会议桌边的位子不够所有人坐。谢莉注意到，所有进到会议室的女性都坐在了墙边的椅子上，而男性则不假思索地坐在了桌子旁。她拦住了那些男士，叫女士们坐在桌子旁，男士们挪到了外圈的椅子上，然后继续开会。

会议结束后，她问男士们坐在墙边而不是桌边的感觉如何。他们说，"感觉有点儿怪，不太舒服"。

她回答说："没错，要想真正地接纳每个人，就应该让每个人都坐在桌子边上。"

坐到主桌来

成功靠的是优秀的团队,而优秀的团队里一定要有更多的女性成员。

解决最大的问题

还有一个基本上属于管理认知的问题，我们在谷歌处理得很好。聪明、善于分析的人，尤其是那些像我们一样沉迷于计算机科学和数学的人，会倾向于认为数据和其他实证证据可以解决所有问题。持有这种世界观的定量分析人员或技术人员倾向于认为，由人组成的团队中总是会天然存在的混乱、情绪冲突，是不好的、不合理的，而以数据驱动的决策过程一定能解决这些问题。当然，人的决策并不能永远都以数据为依据。已经发生的事情和出现的冲突，也不会自然而然地消失。因此人们会尽量避免谈论这些情况，因为它们很棘手。这会让情况变得更加糟糕。

这时人们便会提到"房间里的大象"，也就是那个影响所有事情但又没人愿意承认的大问题。正如雅芳（Avon）前首席执行官钟彬娴（Andrea Jung）所言："在比尔的陪伴下，房间里从来就没有出现过大象。"或者更准确地说，可能有一只大象，但它永远不会藏在角落里。比尔不会允许大象式问题的存在，他会把问题直接摆在大家面前。

肖娜·布朗说："这是一种源于橄榄球运动的心态，（他总是想搞清楚）进攻线上最薄弱的一环在哪里，防守上的次要环节有哪些。"在谷歌任职期间，肖娜每周都会与比尔合作解决运营上的问题，其中许多问题都像是藏在角落里的大象。谷歌发展得太快了，它发展的速度远远超过了流程固化的速度。肖娜说，比尔总是会首先解决最困难的问题。"你必须先解决这类问题。"

当问题已经迁延许久时，有一个办法可以作为检验问题是否真的存在、发现房间里的大象的试金石，那就是看看团队成员还能否就这些问题展开坦诚的对话。这正是比尔发挥作用的地方：他就是那个"冲突发现者"。

当然，冲突换句话讲便是政治。当听到人们说事情在变得"政治化"时，通常意味着数据或流程没能促成最优的决定，因此出现了问题。这时也会出现诽谤。正如我们之前所说，比尔最讨厌搞政治。他对乔纳森写道："对我们来说，搞办公室政治是非常有害的，谷歌现在成了一家没有政治色彩的大公司。"他没有提到的是，谷歌之所以能做到这一点，是因为他一直在努力直面并解决那些最棘手、最难堪的问题。正如谷歌前公关主管蕾切尔·惠茨通（Rachel Whetstone）所言，比尔会明确提出问题，强迫所有人都关注它，从而"不给搞政治留下任何空间"。

几年前，两位产品主管曾就某类产品该由谁的团队管理产生了争执，两人都有正当的理由证明这些产品属于自己的团队。人们一度把它看作一次技术讨论，认为数据和逻辑最终将决定产品属于谁。但事与愿违，问题恶化了，两方的关系变得很紧张，甚至还导致团队内部以及与外部合作伙伴之间产生了问题。谁说了算？

这时比尔介入了。必须开一次会，做出艰难抉择，一位高管将会获胜，另一位将会失利。比尔促成了这次会议，他发现了一个尚未得到解决的问题，并强制大家讨论它。对于如何解决这个问题、产品属于哪个团队，他没有明确的意见，他就是觉得我们当时必须决定产品的归属，要么归这一方，要么归那一方。那次会议是我们开过的争论最激烈的会议之一，但也是我们必须开的一次会。

解决最大的问题

找出最大的问题（也就是"房间里的大象"），把它摆到所有人面前，然后首先把它解决掉。

别让消极情绪持续太久

苹果公司第二代 iPhone——iPhone 3G 的发布日并不顺利。售出的每一部新手机都必须连接到苹果服务器完成激活，然后才能正常使用。但在 2008 年 7 月 11 日上午，手机正式开售时，服务器遇到了技术问题，宕机了。人们可以买到新手机，但无法激活它。此外，所有拥有旧版 iPhone 的人发现，当他们试图升级到（第一个支持应用商店的）全新 iOS 操作系统时，手机用不了了。用科技界的行话说，他们的手机"变砖了"。

在苹果公司位于库比蒂诺的总部，埃迪·库伊和他的团队聚集在一间会议室里，试图找到解决办法。埃迪说，当时"一片混乱，是我在苹果公司经历的最糟糕的一天"。"各种问题都冒出来了，我们当时就想努力搞清楚发生了什么，问题到底在哪里。大家都很沮丧，消费者们排了一通宵的队，可我们却一部手机也卖不出去！"埃迪意识到，消极情绪本身就是一个问题。"我们必须集中精力，让大家理清思路，不必担心手机的销售，把心思放到解决关键问题上。"

他们也正是这么做的。第一步，他们删除了 iOS 的更新，这样人们就不会再尝试升级他们的 iPhone 了。然后他们开始着手重启服务器，几个小时后，服务器顺利重启。比尔·坎贝尔没有参与此事的解决，但人们感受到了他的影响力。比尔总会确保问题得到彻底且坦诚的沟通，达到这个目的之后，他便会抽身离开。

埃迪说："他教会我很重要的一点，当大家变得消极的时候，要从消极情绪里跳出来,要去解决问题,别让会议陷在消极情绪之中太长时间。别让消极情绪持续太久。"心理学家把这种方法称为"以问题为中心的应对策略",与之相对的是"以情绪为中心的应对策略"。当面临无法解决的问题时,后者可能更合适,但在职场环境下,对情绪的关注和情绪发泄不能持续太久,这样一来,人们就能把更多的精力放到解决问题上。[8]

1997 年,史蒂夫·乔布斯重返苹果公司担任首席执行官。回归之后的日子里,比尔和苹果公司董事会曾有很多机会尝试这两种应用策略。苹果现在是世界上最成功、市值最高的公司之一,但人们很容易忘记,当年乔布斯回归的时候,它几近破产。当时公司经历了一段艰难的时期,即使后来 iMac、iPod、iPhone 和 iPad 取得成功,苹果公司也曾面临一些非常棘手的问题。比尔始终保持着冷静和建设性,始终要求大家立即把注意力集中在如何解决问题上。2008 年加入苹果公司董事会的钟彬娴说比尔这是"超前学习":发生了什么、谁该受责备不重要,重要的是明白为了解决问题,我们该做些什么。

比尔之所以能做到这一点,就是因为他能坚持不懈地保持积极的态度。消极情绪能够传染,会让人变得冷漠自私,乐观情绪也会消退。埃迪说:"最初几年我们经历了一些困难,但比尔是迄今为止董事会成员里最积极的那个。"人们很容易觉得这种态度不过是像啦啦队长一样欢呼喝彩,但比尔发现、解决起问题来毫不留情,啦啦队长却不会这么做。研究表明,积极的领导者会让解决问题变得更容易,所以比尔经常会表扬团队和个人,给他们拥抱，拍拍他们的肩膀，增强大家的信心和舒适感。所以当他问棘手的问题时，所有人都明白他是站在自己一边的，他只是在推动事情向前发展，因为他想让大家变得更好、更成功。他总是能一针见血，但态度又很积极。[9]

在这种时候，我们总能感受到体育教练在商界的影响力。当抛开工作去指导自己孩子们所在的橄榄球队或棒球队时，我们总是能学到体育运动的价值观，比如要"积极指导"，比如要用赞扬来领导队伍、辅以建设性的反馈。但当我们回到工作中时，我们又把这些价值观全忘了，开始斥责别人。我们并不是建议每个人都把自己的团队成员当成操场上的孩子，但比尔的方法表明，即使在一个组织的最高管理层，一些最基本的原则也是有效的。

别让消极情绪持续太久

把所有的消极问题都说出来，但不要纠缠于这些问题，越快向前看越好。

胜之有道

在体育运动中，教练和运动员总会谈到一种"求胜文化"，以及拥有这种文化的那些运动队。说起伟大的运动队，就必须提到波士顿凯尔特人队（1959年至1966年连续8次获得NBA总冠军）、巴西桑托斯队（1955年至1969年获得11次联赛冠军）、加州大学洛杉矶分校棕熊男子篮球队（1964年至1975年10次夺冠）、英超曼联队（1992年至2011年获12次联赛冠军），以及新英格兰爱国者队和旧金山49人队（均获得过5次超级碗冠军，其中49人队夺冠是在20世纪80年代，新英格兰爱国者队夺冠是在2002年至2017年）。下面还有一条排名靠前的纪录：14年内获得10次联赛冠军——这就是比尔执教圣心学校腰旗橄榄球队所取得的成就。圣心学校是位于加利福尼亚州阿瑟顿的一所私立学校，该地区是美国最富有的街区之一。比尔把它变成了一个橄榄球强校。他告诉孩子们："你们不是来自阿瑟顿的富家子弟，而是来自圣心学校的强大对手。"

说到当教练，或者领导一家公司，就不能不提到求胜。优秀的教练必须鼓励队员求胜。优秀的领导者也必须鼓励下属求胜。比尔并没有因为圣心学校是一所中学或者私立学校，就在执教方式上有任何区别对待。是什么学校其实并不重要。橄榄球就是橄榄球，打橄榄球的目的就是要取得胜利。和在职场中对别人的要求一样，比尔要求队员们投入其中、保持热情，最重要的一点是要确保忠诚。有时，孩子们的父母会来向他解释，说他们的儿子或女儿会因为踢足球或参加其他运动，推迟参加橄榄球训练。比尔会回复他们说，没关系，他会确保他们的孩子好好训练……只不过是在替补队里训练。他们将没有可能打上主力。对于比尔球队里的任何一名队员来说，橄榄球都不能成为第二重要的东西，球队也不会因为要满足一个人在橄榄球以外的兴趣而给其特殊待遇。

比尔也要求他自己和其他教练（都是对自己要求很高的志愿者）对球队投入同样的热情。每年秋天的星期二和星期四下午，你都可以在圣心学校的橄榄球场上看到比尔带领大家训练。大多数人都知道，这时候不能给比尔打电话，但至少有一个人不知道这一点。比尔的电话偶尔会在球队训练时响起来，他会从口袋里掏出手机，简单看看是谁打来的，这时候，孩子们就能瞄到来电人的名字。然后比尔会把手机放回口袋，不接史蒂夫·乔布斯打来的电话。圣心学校橄榄球队的一名队员说："我们知道，在一小时的训练过程中，我们对他来说才是最重要的，没什么比这更酷了。（那一小时里的）我们就是他关心的全部。"

（即使不是在训练期间，比尔也会关心这些小队员。有一次，他带领大家练习一套他为即将到来的比赛设计的战术。他解释说，那天他在谷歌开了一天的会，而这个打法是他在开会听汇报的时候草拟出来的。）

不过，取胜并不是比尔唯一关注的事情。他最关心的是胜之有道。他经常说，他之所以转到商界，是因为他不是个优秀的橄榄球教练（他常说："你见过我带队取胜的记录吗？"），这一点尚且存疑。毫无疑问的是，比尔有能力向大家灌输求胜且胜之有道的文化。这种文化也是比尔在圣心学校、谷歌和他工作过的其他所有公司向人们灌输的东西。曾与比尔密切合作的惠普公司前高管托德·布拉德利（Todd Bradley）表示，他从比尔身上学到的最重要的东西就是"胜利中蕴含的人性"，也就是以团队为单位（而非作为个人）赢得胜利，而且要赢得合乎道德。无论是在商界还是在体育界，如果一个人不在意功劳属于谁，那他更有可能取得超凡的成就。

和我们聊过的许多人所认识的都不是那个商界人士比尔，而是橄榄球教练比尔，令我们印象深刻的一点在于，在对待他指导的（和我们一样的）企业高管时，比尔的要求和他对中学橄榄球队员的要求是一样的。同样要求人们保持投入和忠诚，同样无法宽容不诚信，同样会说脏话（学校的孩子们成立了一个"坎贝尔教练脏话"基金，他每说一句脏话，学生们就会要求他掏10美元。这笔钱最后成了学校建新橄榄球场的首付款）。他会全神贯注地听孩子们讲话，还会把他们拉到一边，来个简短的一对一交流。他的话也许很直接，但饱含着真挚的爱。无论你是中学生还是大公司高管，比尔的态度都不会动摇。

比尔对待高水平的橄榄球选手也是一样。查理·巴奇在比尔的家乡宾夕法尼亚州霍姆斯特德长大，多年的交往让他们成了朋友，一起帮助霍姆斯特德。查理在东密歇根大学打四分卫，后来在底特律雄狮队和匹兹堡钢人队打了15年的橄榄球比赛，钢人队的主场离霍姆斯特德只有约16千米。2012年，钢人队的首发四分卫本·罗特利斯伯格（Ben Roethlisberger）受伤，查理替补上场。比赛进行得并不顺利：查理的投球三次被截，钢人队输给了布朗队。那次失利一周后，比尔和查理在霍姆斯特德的一次活动中见面了。比尔没有恨到牙齿咬得咯咯响，但也差不多了。他看了那场比赛，所以他那天狠狠地训了查理一顿，让他改变态度，挺身而出，负起责任，做一名（名副其实的）职业球员。查理吃了一惊，但并不意外。比尔说得没错。

接下来的那个星期天，查理带领钢人队从 10 分的劣势中逆转，击败了对手巴尔的摩乌鸦队，他个人还在逆转的过程中投出了 5 次成功的传球。当查理走出充满胜利气氛的更衣室时，他收到了比尔的一条短信："我就说嘛。"

胜之有道

要努力求胜,但也要永远胜之有道,依靠投入、团队合作与诚信取胜。

领导者就要起到引领作用

2010 年，当丹·罗森斯威格加入 Chegg 时，他被告知公司 6 个月后会进行首次公开募股。事实上，大约 3 个月后公司就会破产。但他力挽狂澜，带领 Chegg 在 2013 年上市，但随后公司股价暴跌，远低于其上市发行价。在经历了多年艰苦努力后，丹感觉压力巨大，开始失去信心。这家公司能成功吗？他是领导公司的合适人选吗？他当时想到了辞职，但没告诉任何人。

然后他接到了比尔的电话——比尔已经指导丹多年，帮助他走过了 Chegg 的起起伏伏。

比尔说："丹，我们去散散步吧。"

"现在吗？要我过去吗？"

"不用，我们虚拟散步就行，就在电话里聊吧。"

丹心想："这是什么意思？"于是他越过桌子上放着的迷你橄榄球头盔往外看，看着楼下院子里的喷泉。

"我们要去哪里？"他问。

"到柴房后面走走吧。"比尔回答。

接着比尔指点了丹，说了他应该在 Chegg 坚持下去的理由。比尔说："领导者就要起到引领作用。你不能怀疑，你需要投入。你可以犯错误，但不能做骑墙派，因为如果连你都不全情投入，你周围的人也不会。如果你全力投入，那就真的尽全力。"

丹说："我不知道他是怎么知道我想离开的，但他就是知道，而且没有把他的直觉藏着掖着。"丹最后没有辞职，他成了真正的领军人。他召集起依然齐整的团队，一起回头建设起了这家公司。

谈论胜利时总是会感觉良好，而且很有趣，但是谈论失败时又如何呢？比尔知道失败的滋味。他执教的哥伦比亚大学橄榄球队输掉了很多比赛，他加入的初创公司 GO 失败了，让投资人亏了很多钱。① 失败是一位好老师，比尔从自己的经历中学到一点：成功的时候做到忠诚和投入很容易，失败的时候要做到这两点则会困难许多。但正如丹的故事所强调的那样，忠诚、投入和诚信更重要。发展不顺利的时候，团队更需要领导者身上的这几项品质。

在哥伦比亚大学执教时，一次特别惨痛的失利之后，比尔在更衣室里对着队员们大喊大叫，严正警告了所有人。他后来说："那支队伍我没能带好，那一刻我失去了他们（的信任）。"他没能团结全队，没有向大家展示他对球队的忠诚，也没有做出可能对队员们有帮助的决定。他只是对着大家大喊大叫。那一刻，他失去了大家的支持。那一刻，他彻底输了。

在不顺利时，决断力也变得更加重要，就像 GO 公司在最后的日子里展示的那样。在《创业》一书中，杰瑞·卡普兰描述了 GO 公司的一个关键时刻，那天下午，比尔要求公司高管齐聚一堂，召开一次紧急会议。公司已经在困境中挣扎了一段时间，几

---

① 比尔喜欢说："感谢上帝让 Webvan 公司出现了。他们亏了太多钱，以致人们忘记了 GO。"Webvan 从私人投资者那里筹集了 4 亿多美元，1999 年上市时又筹集到 3.75 亿美元，后来在 2001 年破产。GO 亏损了大约 7 500 万美元。

乎没有销售业绩，还面临着来自微软的激烈竞争。比尔得出结论：这家公司已经无法生存下去，更不用说成功了。他向大家建议把公司卖掉，经过一番讨论，所有人都同意了。不过，卖掉公司并不是出于经济上的考虑。他们这么做不是为了给自己或投资人多少挽回一些经济上的损失，而是想把自己努力工作的成果保存下来。比尔说："拯救这个项目和团队，保护好我们打造出来的产品，才是最重要的。"他希望通过把 GO 卖给一家更大的公司，让这家公司可以资助并继续 GO 所做的工作，即使这意味着他将失业也没关系。在这件事情上，比尔的忠诚与其说是对公司的忠诚，不如说是他对这份事业的忠诚。[10]

所以，当面临失败的时候，请把自己的投入交给自己所从事的这份事业，当好那个领军人。现任 Nextdoor 首席执行官的尼拉夫·托利亚曾担任互联网初创公司 Epinions 的首席执行官，他也接受过比尔的指导。Epinions 好几次都差点儿破产，最终与一家名为 DealTime 的公司合并，重整为 Shopping.com 的一部分。当尼拉夫和董事会决定开始寻找并购机会时，他通知了整个管理团队。团队中的一位关键成员（我们暂且叫他鲍勃吧）被吓到了，几个星期后，他离开了 Epinions，去了一家更稳定的公司。尼拉夫说："这让我很受挫，他的离开让我非常痛苦。"尼拉夫和比尔通了个电话，告诉了他鲍勃离开的事。比尔说："我这就过去。"

比尔到办公室后，尼拉夫把他的团队召集了起来。比尔走进房间，说："我爱你们，有件事真的让我很烦。鲍勃走了，他背叛了我们。他不够忠诚，他在我们最需要他的时候离开了。去他的！"比尔就说了这些，然后站起来走了出去，不仅走出了房间，而且径直走出了大楼。

几分钟后，尼拉夫又接到一个电话，是比尔打来的："我敢打赌，现在没有人会弃你而去了。"

领导者就要起到引领作用

发展不顺利的时候,团队更需要领导者身上体现出更多的忠诚、投入和决断力。

弥合人与人之间的鸿沟

有一次，埃里克在谷歌开会，一些人是在山景城现场参会，还有一些人（包括埃里克）是通过视频参会。他们当时要讨论几个问题，但原定会议时间结束时，还有一个问题没能得到解决。会议快结束时，有一个人发表了意见，埃里克觉得他是在表示反对。根据那句话，埃里克肯定地认为在这个问题上，事情不会按照自己的想法发展。这句话在他脑子里绕了整整一个星期，让他越想越生气，等到大家再次一起开会的时候，埃里克已经做好了吵一架的准备。就在那时，他突然意识到，他完全误解了那个人的话，并因此误读了整件事。这场危机是一场无心之失。缺乏沟通和表面上的轻慢，让他和那个人之间出现了本不应存在的分歧。

这样的情况并不鲜见，每天都会发生：随随便便评论几句、草草写就的电子邮件或短信，以及人们因为受到情绪的影响而罔顾真实情况。这时正需要管理教练的介入。正如比尔所说，作为我们的管理教练，他的任务是"发现组织中那些只要稍微提醒一下大家就能做得更好的小缺陷，通过倾听、观察，我会填补人与人之间沟通和理解的鸿沟"。教练可以在人与人之间的裂隙变得更深、演化成永久的分歧之前就发现它们，并通过填补信息差和纠正沟通不畅来弥补这种鸿沟。比尔没有参加埃里克参加的那次会议，但如果换成他，他就会走到那个人面前，看看他感受到的轻慢是不是事实。比尔会纠正那个人的看法——事实上参会的人意见都是一致的——而埃里克也不会有那么多的焦虑。

那么比尔会怎么做呢？首先他会倾听和观察。这就是管理教练的力量：他能够从另一种视角、一个"身在此山中却能不受影响"的视角看待问题。（帕特里克·皮谢特说："比尔总是能纵览全局，因为他能够做到置身事外。"）比尔每周都会参加埃里克主持的全员会议，他会全神贯注地倾听，观察与会者的肢体语言，感受大家情绪的变化。

玛丽莎·梅耶尔讲了一个关于比尔观察力的故事。她曾在谷歌为刚从大学毕业的学生设立了一个新项目，所有计算机专业的毕业生一到公司就会担任"产品经理助理"一职。一天，埃里克对她说："玛丽莎，你把地球上所有最聪明的大学毕业生都招来了，但他们也把所有人都逼疯了。这些人要么会取得令人瞩目的成就，要么会把事情搞得一团糟。你可要管住他们。"

玛丽莎问比尔能不能帮忙。于是比尔同意参加他们的一次会议，那是一次晚间会议，第一批产品经理助理介绍了他们的项目最新进展，以及他们遇到的问题。玛丽莎认为那次会议开得很失败，因为实在是太无聊了，只不过是一堆人在汇报进度，然后再发发牢骚。

比尔却看到了一些不一样的东西。会后，他把玛丽莎拉到一边，说："他们都遇到了瓶颈，但你不是那个能帮助他们的人。你几乎从一开始就在这家公司，知道如何把事情做成，所以你无法体会他们面临的问题。你得找一个能帮他们弄清楚下一步怎么走的人，创造一个让他们可以互相帮助的环境，这样问题就能解决了。"果不其然，比尔说的没错。

这个例子说明了观察在工作场合的力量。先倾听，再寻找背后的共同点,然后评估优势和劣势。正如李·博林杰所说:"比尔理解与他共事的人的能力超强,他能凭借直觉理解别人,他知道该如何激励他人,如何推动他们向前走。"他之所以能做到这一点,靠的是寻找冲突、寻找问题之火上冒出来的烟。例如,参加埃里克主持的全员会议时,他通常不会说太多话,而是会坐在房间里,察觉冲突爆发的时刻及其源头。我们的全员会议一般都是公开和透明的,鼓励每个人分享意见和想法,哪怕是与自己职能无关的问题。不过,事情也就只能走到分享意见和想法这一步。人们有时也会闷闷不乐,而比尔能觉察到这一点。

这需要敏锐的观察力,不仅要懂得听别人说话,还要留意别人的身体语言和旁边人的对话。我们采访过的很多人都提到了比尔对人们沮丧情绪的感知能力。这是一种天赋,但也是可以后天培养的。你得用心倾听和观察。

吉姆·鲁格斯是比尔在哥伦比亚大学执教时的教练组成员,比尔把场上全部22名球员看作一个整体的能力,让他至今记忆犹新。吉姆说,举起一根手指来,然后看着它,这就是我们大多数人看球的方式,手指代表的是拿球的那个球员。但比尔能够同时观察到、回忆起拿球的球员周围发生的事情,并做出评估。他把这种技能用到了团队会议上。他不仅能看到讲话的人,还能观察到整个会场的情况,判断所有人的反应和意图,即使是那些保持沉默的人(也就是那些没拿球的人)也不放过。

然后他会和别人交谈。正如比尔在一次谷歌管理研讨会上所说:"我比拉里有更多的时间去倾听和观察,我比桑达尔有更多的时间去倾听和观察,所以你知道吗,我会对桑达尔说:'你想让我去见某某人吗?''好的。'我会跟他们说这些,你没意见吧?''没有。''好的,棒极了。你知道吗,这会对推动事情发展有一点帮助。''那就去做吧。'"

蕾切尔·惠茨通回忆说,有一次在策划谷歌的沟通和政策事务时,事情没有按她的想法发展。她参加了埃里克主持的一次全员会议,会上大家讨论了一个让公关部门很头疼的重要问题。她此前很久就想推动做出一些改变,所以当最终没能如愿以偿时,她感到很沮丧。她觉得大家做错了。比尔在会后找到了她,对她说:"听着,我们决定这次不针对那件事做任何改变,我很抱歉,我知道这不容易,但你还得忍一忍。把问题解决,好吗?"

不是什么鼓舞士气的话,对吧?他的建议不过是"把问题解决"!但有时候,我们就应该这么做:承认事情没有按自己的想法发展,对这个糟糕的情况表示理解,然后提醒自己振作起来,继续努力为团队效力。以上就是比尔一直在灌输的信息。简短,及时,同时非常有效。① 11

虽然观察发现冲突的能力不容易培养,但走到别人面前和对方交流这件事却没那么难。它只是需要时间,以及与同事顺畅沟通的能力。比尔本来也可以在注意到蕾切尔的挫败感之后把它抛到脑后,因为解决蕾切尔的问题并不是他的分内之事,但他却愿

---

① 大多数关于传达坏消息的研究表明,同理心是做好这件事的关键。2000 年,一篇为给病人传达坏消息的肿瘤学家撰写的论文指出,除非"情绪(通过移情)被消除",否则很难继续讨论出一个治疗计划。

意主动和她聊一聊。这次交流虽然简短，却很重要。在一个人很忙的时候，很容易忘记这种简短的交流，但比尔却把它看作要优先做的事情。

虽然这些对话都没有故意瞒着谁，但都有一种"私下对话"的性质。比尔很少谈到这些一对一谈话，他只会把你拉到一边，平静地跟你说几句。这一切都是精心设计的，这便是体育教练和商业教练的另一个不同之处，体育教练会走到一线带领球队，谁都能看见他的身影。正如德博拉·比翁多利洛所说，比尔就好像"自己身后的影子，你能听到他的指导，但你自己却总是走在前面。由于身处幕后，他便可以不那么拘束，而且更真诚"。

这些交流的背后没有任何个人的算计。比尔通常不会就如何做决定发表意见，而只是会推动大家做出决定。当察觉到需要做出决定的时刻时，他会默默地开始工作，让大家说出自己的观点，缩小意见的分歧，消除沟通不畅，因此当大家在会上讨论并做决策的时候，所有人都已经做好了准备。

然后比尔会坐下来观察，再次启动上述循环。

弥合人与人之间的鸿沟

通过倾听、观察来弥合人与人之间沟通和理解的鸿沟。

理解别人的许可证

在总结比尔组建团队的原则，并尝试将其应用到管理过程中时，正如布拉德利·霍洛维茨（Bradley Horowitz）所说，你便给了自己"理解别人的许可证"。布拉德利在 Virage 和雅虎都做得不错，后来和别人一起领导了 Google+ 的开发，随后又领导开发了更为成功的谷歌照片（Google Photos）。在这期间，他与比尔见过好几次，但比尔总是在见面时讨论个人问题，比如"你家里人最近如何"，这给布拉德利留下了很深的印象。比尔这么做是为什么呢？比尔的目的是首先和对方建立普通人之间的联系，然后再带着这种联系处理工作上的事情。

布拉德利说："书上可没写要在工作中谈这些涉及个人的东西，我们很容易将注意力集中在我们正在做的产品上，而不会太注意如何工作。但当你了解并关心到别人的时候，领导团队这件事就会变得更加有意思，它能让人变得放松。"［根据 2013 年约翰·格泽马（John Gerzema）和迈克尔·迪安东尼奥（Michael D'Antonio）合著的著作《雅典娜主义》（The Athena Doctrine）的说法，管理手册上之所以没有写到同理心，是因为它通常被视为一种女性才会具有的特质。[12] 而那些知名的管理学图书大多是男人写的！］

布拉德利有一次就用到了他从比尔那里学到的东西，当时他需要弄清楚该如何处置 Google+。作为谷歌进军社交网络的产品，Google+ 推出的时候很是造了一番势。虽然它没能吸引到足够多的用户，但它的一些组件（包括它的照片管理功能）非常受人们欢迎。因此，布拉德利和其他团队成员制订了一项计划，将谷歌照片作为一个独立的产品剥离了出去。得到高层领导支持后，他们开始了剥离工作。

但问题是，许多曾为Google+工作过的工程师和产品经理，包括许多资深员工都已经离开了这个产品团队，很多人甚至离开了谷歌。留下来的人里，许多以前从未领导过这样的项目。布拉德利和他的团队知道，照片的产品市场匹配度很高，对于喜欢照相的手机用户（几乎人人都喜欢照相啊！）来说，它的出现顺应了天时人和。但是，需要完成这项任务的团队是不是配备了合适的人，他们拥有成功所需要的各项条件吗？

于是布拉德利运用了比尔"理解别人的许可证"的方法。他没有把时间优先放在考虑战术和技术层面的问题上，而是优先思考了团队问题。他开始了解和关心这个团队的成员的生活，给他们鼓劲儿，推动并恳求他们。随着一些关键节点的达成，团队的势头也起来了。他对团队而非问题的关注，也得到了大家的回应。由于布拉德利赋予了资深员工更多的自由度，他们开始主动承担工作任务。

当这个项目真正走上正轨的时候，团队中一位重要的技术负责人来找布拉德利。他知道自己业绩不错，所以想要正式升任某一职务，而当时，这个职务由他和另一位技术负责人共同担任。如果无法升职，他就会去刚刚给了他一个很好的机会的脸书。

没用多久布拉德利就做了决定。他觉得自己通过同理心培养起来的这个团队比某一个人更重要。"我猜你（最终）会去脸书。"他说。

理解别人的许可证

当你了解并关心他人时,领导团队这件事会变得更加快乐,团队也会变得更有效率。

为了帮助团队实现宏伟目标，比尔·坎贝尔运用了各种技巧：妥善招人（挑选合适的团队成员），促进性别多元化（让女性坐到主桌），在小误会扩大化之前化解它们（弥合人与人之间的鸿沟），等等。比尔思想的核心其实和任何体育教练思想的核心一样：团队至上。所有队员，无论是不是明星，都必须准备好把球队的需要放在个人的需要之上。有了这样的承诺，团队就能实现一番伟业。这就是为什么当比尔面对问题时，他首先关心的不是问题本身，而是负责解决这个问题的团队。团队组建好，问题就能解决好。

第四章

愿景和热爱,
是公司的核心和灵魂

2003年2月，布拉德·史密斯成为财捷公司的新任高管。这次招聘引发了一些争议，布拉德之前的一家雇主声称，布拉德加入财捷违反了竞业禁止协议。财捷花了一些时间和钱，找律师咨询一番之后，问题解决了。一切尘埃落定、布拉德加入公司后不久，他参加了一次财捷内部领导层会议，来自世界各地的高管齐聚一堂，讨论公司的计划，同时加深对彼此的了解。对布拉德来说，这是见新同事、给大家留下深刻第一印象的好机会。

会议第一天的早上，当人们端着咖啡杯与朋友和同事们寒暄时，布拉德在人群中穿梭，和大家握手问候。突然，他被人从后面抓住来了个熊抱。比尔·坎贝尔对布拉德说的第一句话是："这么说，你就是那个花了我很多钱的家伙啊！你的表现可要体现出你的价值来啊！"只不过他用的词比"家伙"更接地气一点。

我们并不是建议你用拥抱和粗话来问候新同事。就个人而言，我们仍然喜欢握手和更传统、优雅的沟通方式。但显然每个人都有自己的风格，拥抱和说粗话便是比尔的风格。更重要的是，对比尔和我们这些接受他问候的人来说，这种风格意味着什么。比尔之所以能拥抱别人、说粗话而不被人讨厌，是因为他的所有行为都源于他的内心，都是出自他对他人的爱。"不被人讨厌"其实也有些偏颇。人们希望接受比尔的拥抱和粗话，因为这说明他爱他们。

没错，就是爱。准确地说，这里所说的爱完全是君子之爱。比尔从来没有做越界的事，甚至都没有过越界的意思。他会拥抱几乎所有人，如果他不能靠近拥抱，有时还会给人飞吻。在董事会会议或埃里克主持的全员会议进行期间，比尔有时也会向你挤挤眼睛，给你送个飞吻。每个人都清楚地明白比尔拥抱和亲吻的意图：这体现了他的关心、他的爱。

学术研究指出，友善和能力之间存在一种"补偿效应"：人们往往认为友善的人不称职，而冷酷的人能力更强。[1] 比尔显然不符合这种情况，正如谷歌联合创始人谢尔盖·布林所说："他身上完美地结合了敏锐的头脑和温暖的心。"但是当杰瑞·卡普兰第一次见到比尔的时候，他以为比尔不过是个"莽撞的……中年人"。[2] 这意味着一个人应该靠友善领导团队，但你也要明白，你可能需要更加努力地工作，让别人明白你是真的能干。

人们不常在商界听到"爱"这个字。当然，也许人们有时会表达对一个想法、一个产品、一个品牌或一个计划的爱，人们也会表达对今天自助餐厅提供的甜点的爱，但大家不会表达对一个人的爱。我们都受过训练，要将个人感情和工作分开。我们都想招到充满热情的员工，但这种热情仅限于对业务的热情，否则律师和人力资源部门的人难免会担心。

因此在我们每天的生活里，作为自我的我们和作为职场人的我们事实上是各自独立存在的。

但比尔不是这样。他没有把作为自我的他和工作场合的他分割开来，也没有把每个人都分割开来对待，职业层面、个人层面、家庭层面、情感层面……所有东西都被统一在一起。对于所有与他共事的人，他都会真心实意地给予关心。比尔·格利说："比尔每次来Benchmark的办公室，都像是来参加一场聚会。他会走来走去叫别人的名字，跟他们打招呼，然后拥抱他们。"拥抱和问候之后，他会开始和大家聊聊家庭、旅行和朋友。比尔既是团队的教练，也是和大家最贴心的人。他让我们明白，我们双方离开了对方都不够完整。学术研究一如既往地证明了这一点：一个组织如果能够拥有比尔所表现出的那种（充满关心和深情的）"伙伴般的爱"，那么这个组织将拥有更高的员工满意度和团队合作精神、更低的缺勤率和更好的团队表现。[3]

在前文中，我们讲述了杰西·罗杰斯的一个故事：当他创办新公司时，比尔给他打电话，痛批了一顿他糟糕的公司官网。杰西笑中带泪地回忆起这个故事，然后提到了我们在和别人说起比尔时屡次被说起的一个观点。杰西说，比尔之所以对这个糟糕的官网那么生气，劈头盖脸地骂过来，"都是因为爱。大家一般不习惯讨论男人之间的爱，他之所以对你大吼大叫，是因为他爱你、关心你、希望你成功"。

约翰·多纳霍引用"休·路易斯与新闻合唱团"（Huey Lewis and the News）的歌词，把这称为"爱的力量"："比尔有他自己表达'我爱你'的方式，正是因为有爱，他才会告诉你你做的东西很烂，你能做得更好……他从来不以自己为出发点，当他告诉你真相的时候，他说的话并不会让人感到受伤。"

所以我们又从比尔身上学到一点：爱同事也是可以的。团队里的每个成员都是人，当职场和人性之间的隔阂被打破，大家用爱拥抱完整的彼此时，整个团队就会变得更强大。

比尔正是在用爱拥抱"完整的彼此"。

十大"比尔式格言"

比尔经常会用一种独特的方式告诉你他爱你。根据他在哥伦比亚大学的朋友兼队友特德·格雷戈里(Ted Gregory)的回忆,他最喜欢讲下面10句话。这10句话也被印在了比尔追悼会上发给来宾的日程单的背面。

10. 你应该把那件衬衫洗干净烧掉。

9. 你跟球门柱一样呆。

8. 他是我们这个时代的一个大浑蛋。

7. 你是个呆瓜。

6. 你连5次40码冲刺都跑不下来。

5. 你的手跟脚一样。

4. 白送的东西都会让你给浪费掉。

3. 你太差劲了,衬得我都变帅了。

2. 别他妈搞砸了。

1. 那是你的头从屁股里冒出来的声音。

美好的提醒

"想要关心别人,你先得懂得关心人。"这似乎是一句老生常谈,在和别人聊起比尔时,我们也多次听到这句话。但其实并不是,至少我们在网上到处都找不到这句话,所以我们要在这里声明一下它的版权。想要关心别人,你先得懂得关心人!公司一遍又一遍地说,员工是最重要的资产,公司把员工放在第一位,公司关心自家员工,等等。这些不一定是套话,大多数公司和高管确实关心他们的员工,只是他们关心的未必是员工完整的自我。

比尔关心人,他尊重每一个人,他能说出大家的名字,还会给人以热情的问候。他会关心大家的家人,而且他在这方面做的比说的更好。杰西·罗杰斯说他女儿非常关心比尔,还说每当比尔看到她时,总会给她一个大大的拥抱。露丝·波拉特说,当她接受谷歌首席财务官一职开始往返纽约时,比尔最关心的是她丈夫对这一安排的态度。他开心吗?他能怎么做来帮助你?"比尔关心的是你这个人,"露丝说,"我们就这个方面的事情聊过很多。"

桑达尔·皮查伊回忆说,每周一他们开一对一会议时,比尔一上来都会问问桑达尔的家人和他周末做了些什么,然后再聊聊他自己的家人和周末发生的事情。"我总是忙于参加各种会议,有很多事情要做,但我和比尔在一起的时间总是能给我打开另一个视角。我所做的一切事情都很重要,但他告诉我,说到底,真正重要的是如何过好自己的生活,如何对待自己生命中出现的每个人。和比尔的交谈一直是一次又一次美好的提醒。"比尔关于家庭的闲谈可一点也不"闲"。它能让他在忙碌的一天里有个喘息的机会,也至少暂时给了他一个机会来缓解工作与家庭的矛盾。

比尔并不是只关心高管们。米基·德雷克斯勒在加入苹果董事会并前往库比蒂诺开会时,经常会在附近的斯坦福购物中心的 J.Crew 门店停一下(他当时是 J. Crew 的首席执行官)。那儿的店员经常会告诉他他的朋友比尔在那里购物的情况。那家店里的人都很喜欢比尔·坎贝尔。比尔记得住店员的名字,总是会热情地跟他们打招呼,并且对每个人都一视同仁。米基说:"他对待商店员工的方式与对待苹果董事会成员的方式是一样的。我从中学到了很多。"

这些听起来都不新鲜,对吗?我们和同事们在一起的时候,也会经常问起他们的家人。但比尔的与众不同之处(在繁忙的职场上也很难做到的一点)在于,他不知怎么地就找到了认识大家家人的办法。很多时候,不过是在例行公事般问完"孩子们怎么样"之后,再接着问几个问题。拿乔纳森来说,比尔不仅会问"你家人最近如何",还会问汉娜最近在足球比赛里表现如何,然后问问"她想上哪个大学",接着他会自然而然地就哪个大学最适合她给出一些详细的建议。然后,当他在各种活动中见到乔纳森的家人时,他会像拥抱其他人一样拥抱他们。

比尔在职业生涯的早期就养成了这种习惯。马克·梅热(Marc Mazur)是 Brightwood Capital 的顾问,他和比尔的结识是在 20 世纪 70 年代末,当时"坎贝尔教练"把他招进哥伦比亚大学橄榄球队担任踢球手。在招募球员期间，比尔去了梅热家，并迅速猜测这是一个只有妈妈的单亲家庭。比尔对梅热太太说："我会永远照顾您的儿子。"第二年，上大学一年级的马克踢球的那条腿的膝盖受了伤，不仅那个赛季没有办法再为雄狮队踢定位球，之后的赛季也报销了。比尔打电话给马克的妈妈，对她说他的诺言依然有效，他仍然会照顾马克，并承诺说，即使马克不能参加比赛，也不会失去上大学的经济援助。马克当时只是大一新生队里的一员，很少有大学的教练（更别说主教练）会和大一的球员接触，这太罕见了。但比尔做到了。马克和比尔的关系后来之所以很好，正是因为比尔对马克和他的家人表现出了忠诚。

比尔在招募球员期间和马克母亲的对话证明，比尔认为让团队成员的家人理解球队对球员的关心有多重要；反之亦然。Nextdoor的首席执行官尼拉夫·托利亚开始与比尔合作时只有26岁，在他们关系的早期，比尔曾向尼拉夫要去了他父亲的电话号码。他们二人对话之后，尼拉夫问父亲他们聊得如何。他父亲说："还好，比尔让我不要透露细节。"比尔不仅会问尼拉夫家人的情况，还会和他们直接沟通。

这对比尔来说并不是常事——离开橄榄球界后，他通常用不着和其他人的父母交谈。但在很多情况下，比尔对一个人的关心，正体现在他对这个人家人的关心上，而且他不是只问他们过得好不好，而是会从内心体贴他们。在某些情况下（包括对26岁时失去了父亲的埃里克），比尔在他的指导对象眼中与父亲无异。和埃里克一样，奥米德·科德斯塔尼幼年丧父，他把比尔看作是"充满爱心和智慧的父亲"。考虑到比尔在财捷担任董事长的经验，奥米德在接任推特执行董事长时，曾与比尔一起讨论过和这个职位有关的事情，但他们大部分时间都在谈论家庭。在把重要的事情都聊完之后，他们才开始聊推特。

当遇到不好的事情时，比尔也总会向人们的家人伸出援手。迈克·霍默是比尔在苹果公司和 GO 公司时的好友和同事。在他患上克鲁兹费尔特-雅各布病后，比尔经常去他家里，尽其所能提供各种帮助。他把迈克放到了他在谷歌和其他公司的工作之前。他能说出迈克的护工的名字，还经常和他们聊天。迈克的遗孀克里斯汀娜·霍默·阿姆斯特朗（Kristina Homer Armstrong）说："他想让他们知道，迈克深受家人和朋友的喜爱，他希望这能鼓励他们尽最大的努力。"

同样，当史蒂夫·乔布斯因癌症而失去工作能力时，比尔几乎每天都会去看望他，无论他是在家、在办公室还是在医院。菲尔·席勒（Phil Schiller）长期担任苹果公司的营销主管，他与比尔和乔布斯既是同事，也是朋友。他回忆道："比尔用行动告诉我，当你有朋友受伤或生病，或者因为什么事情需要你的时候，你最好放下一切去帮助他。你应该这么做，而且只有这么做才对。比尔就会这么做，他会二话不说就去陪朋友。"

关心和同情可以对一个组织产生巨大的影响。担任财捷首席执行官时，比尔手下的团队负责人玛丽·贝克（Mari Baker）在出差时因病住院。比尔听说之后，租了一架喷气式飞机把玛丽的丈夫送到东海岸陪她，并把她带回了家。乍一看，这似乎只是一种慷慨的姿态，但事实上，这个事情说明了公司领导者对员工的爱，继而换来员工对公司的无比忠诚。[4]

在墨西哥卡波圣卢卡斯经营埃尔多拉多高尔夫和海滩俱乐部的马克·休曼（Mark Human）讲述了他手下一名员工的类似故事。比尔在萨尔瓦多有一个度假屋，过去多年在墨西哥度假期间，他和马克熟识了起来。马克遇到比尔的时候还是个20多岁的年轻经理，现在的他回忆说，比尔总是会抽出时间跟他打招呼，拥抱他，在他耳边轻声鼓励他。比尔的话马克都记忆犹新，例如"你得花时间去闻玫瑰，玫瑰①才会来""你得意识到，除了工作之外，人们其实还想和你聊聊其他事情"。马克有一名员工在俱乐部里救人时受了重伤，于是马克组织了一个支持小组，为这位年轻人提供了几个月的医疗护理。现在，这名员工马上就要完成进修返回俱乐部工作。

马克和员工们每年年底会办一场年终聚会，他们会花时间把它打造成一场很特别的聚会。大家都会打扮得漂漂亮亮的，而且无论水平或背景如何，大家都会尽情起舞。和其他许多度假村相比，马克这个俱乐部的员工流失率并不高，他把这归功于他打造的企业文化，他说，启发他这么做的正是比尔。

同情心不仅能够与人为善，而且有益于业务。2004年的一篇论文认为，当团队成员一起留意、感受和回应其他成员所经历的痛苦时，对个人的同情（比如比尔和马克对员工的关心）就会转

---

① 此处是双关语，"玫瑰"指的是好运气，一切顺利。——译者注

变成"组织的关怀"。当组织将这种同情心"合法化"时，例如，当像比尔或马克这样的团队领导者带头帮助团队某个成员时，这种情况就会发生。同情心可以自上而下产生。[5]

  我们自己可能并不会像比尔那样去爱别人。我们不习惯拥抱别人，也不太会深入接触别人的家庭生活，更不会给别人的父亲打电话。如果你不能像比尔那样不拘小节，假装像他那样做是行不通的。再说一遍：不要假装做你不习惯做的事！但我们大多数人都喜欢我们的同事，关心他们，不过当我们走进办公室时，我们通常会在门口调整好自己，只保留那些过滤过的感情。比尔让我们做相反的事。请把那些被过滤了的东西带进门！尽管问那些有关别人家人的问题，记住他们的名字，然后问更多的问题，看看他们的照片。不过这一切都要以真正的关心为前提。

美好的提醒

想要关心别人，你先得懂得关心人。问问他们在工作之外的生活，了解他们的家人，当他们遇到困难时，去帮助他们。

打击乐式的掌声

想象一下,在 21 世纪前 10 年的某个时候,你要向苹果董事会展示一款新产品。也许你在走进房间的时候很紧张,房间里坐着史蒂夫·乔布斯和阿尔·戈尔,比尔·坎贝尔坐在他们中间。你开始介绍这款产品,它可能是全新的 iPad 或 iPhone,也可能是最新的 Mac 操作系统。介绍完发布这款产品的时间,你屏住呼吸,开始演示产品的使用。

此时有人开始鼓掌。"比尔会拍手欢呼,手舞足蹈,变得异常兴奋!"菲尔·席勒回忆说,"他对这些产品的反应都是出于真情实感,而不是像其他董事会成员那样,只看枯燥的营收数字。他还会激动地从座位上站起来。"这和他对这个产品的认可没有太大关系,更多的是他对产品开发团队的认可。菲尔说:"这感觉就像自己的叔叔或爸爸在表达他们对你的欣赏和尊重。这是我从比尔身上学到的最重要的东西之一。别傻坐在座位上,站起来,给团队以支持,表现出你对他们所做工作的爱。"

迪士尼首席执行官、苹果公司董事会成员鲍勃·伊格(Bob Iger)表示:"比尔在董事会会议上的所有表现都源于他的内心。"但是,除了表达对团队的爱之外,这种热情背后还有另一个目的。"一旦他开始鼓掌,大家就很难不同意这个提案,因为掌声似乎来自董事会,而不仅仅来自比尔。这是他鼓舞士气的方式,但同时也推动了事情向前发展。"当鲍勃说这番话的时候,一个想法从我们的脑海中跳了出来。这太有比尔的风格了,他就是这么做的!

凭借他的手势和热烈的鼓掌，他在向团队表达他对大家工作的热爱。这极大地鼓舞了所有人，而且会推动事情的发展。比尔大张旗鼓的鼓励不仅表达了他的认可，还能带动在场的所有人造势。简直太聪明了！

谷歌虚拟现实和增强现实产品主管克莱·巴沃尔（Clay Bavor）回忆了一件类似的事情。2015年4月，克莱出席了谷歌高管产品评审会，展示了一款新的虚拟现实头戴设备和摄像头。在演示完新设备后，他发布了谷歌创建的名为Cardboard的低端虚拟现实眼罩，并向大家展示了一款为它设计的新的应用。这个应用叫作"远征"（Expeditions），它能通过虚拟现实，让老师带着学生参观世界各地的著名景点。在那场演示中，克莱是"老师"，公司高管们是他的"学生"。克莱感到有点尴尬，突然，房间后面传来了比尔热烈的掌声。克莱说："那掌声就像打击乐一样，或者一个用手势比画出来的感叹号。"掌声并没有持续很久，只响了五下。"掌声真的让我放松了下来，他好像在说我们做的东西很酷，这也打破了僵局，让房间里的其他人也变得兴奋起来。"

今天，克莱已经将"BCC"[比尔·坎贝尔式鼓掌（Bill Campbell clap）]融入了自己所在团队的文化，当某人在会议中宣布好消息时，另一个人就会响亮地鼓五次掌。如果有人突然在办公室里鼓掌，人们就会问："这次BCC是为什么？"克莱还把"BCC"安排进了团队新成员培训里，甚至会在入职培训时就尝试"BCC"。他的团队现在有数百人，每个人都学会了比尔打击乐式的鼓掌。

打击乐式的掌声

为别人和他们的成功欢呼。

始终致力于打造社群

1985年1月，第19届超级碗比赛在帕洛阿尔托的斯坦福体育场举行，距离比尔的家只有几步之遥。斯坦福体育场呈大碗的形状，建于1921年，看台上都是木制长椅，以能够让观众保留长椅碎片作为当天坐在场上看比赛的纪念品而闻名。[1] 因此，当超级碗比赛就要开始时，比尔和苹果公司的营销团队发现了一个机会：他们给整个体育场里8万多个座位都配了坐垫，坐垫一面印着苹果公司的标识，另一面印着超级碗的标识。由于比赛相当于在比尔自家后院举行，而且给数万球迷配坐垫这事也是由他自己负责，所以他决定亲自前往体育场看看。他把几个朋友叫到了家里，然后他们一起走着去体育场，顺路接上史蒂夫·乔布斯。那天天气凉快而多雾，比赛也很精彩，旧金山49人队击败了迈阿密海豚队，大家都非常开心。

这就是比尔组织的第一次超级碗观赛小组，此后他们每年都会为这场比赛而聚在一起。比尔会负责买机票和安排交通，而他在哥伦比亚大学的兄弟阿尔·巴茨（Al Butts）负责安排酒店。最初参加这个小组的人有比尔、阿尔，以及他们在哥伦比亚大学的朋友约翰·西里利亚诺（John Cirigliano）和特德·格雷戈里。后来人数渐渐增多，还包括了唐娜·杜宾斯基、比尔的兄弟吉姆（Jim）和他的女儿雷妮（Renee）及其丈夫、阿尔的儿子德里

---

[1] 观众中就包括20世纪70年代末时一对名叫乔纳森和艾伦的当地孩子。

克（Derek）、戴夫·金瑟和妻子诺玛（Norma）以及他们的四个孩子、斯派克·布卢姆（Spike Bloom）（比尔在柯达和苹果公司的朋友）和他的儿子、比尔在哥伦比亚大学的兄弟吉恩·沙茨（Gene Schatz）、比尔的孩子吉姆和玛吉（Maggie）以及他们的朋友。一行人会在周四或周五抵达超级碗比赛所在的城市，找个不错的酒吧建立他们的临时根据地。在等待比赛开始的那段时间里，如阿尔所说，大家会"讲很多俗气的笑话，开开彼此的玩笑，一起大笑，偶尔还有一些深入的交流"。

有一年，比尔有多余的票，他看到几个孩子试图从"黄牛"那里买便宜票，就把票送给了他们——那几个孩子还有点儿不敢相信。目瞪口呆的"黄牛"想知道比尔为什么要送出这么值钱的东西，比尔回答说："因为现在那几个孩子可以高兴地看比赛了。"还有一年，有几个人不得不临时取消观赛，所以比尔就请了前一天晚上大家吃晚饭的餐厅的服务员一起看比赛。几位女服务员当然是非常高兴地接受了邀请！

阿尔说："超级碗对比尔来说很重要。"重要的不是比赛，而是观赛小组。"比尔的朋友们以及他们与他和其他人的交往，对他来说意义重大。"比尔去世前，为了确保组团观赛的传统在他走了以后还能继续下去，他为观赛小组提供了赞助。我们听说过有人赞助奖学金，但哪里听说过有人赞助超级碗观赛之旅的？这就是比尔。他真的非常希望这个传统能够继续下去，所以他留下了足以支付至少接下来 10 年观赛之旅的费用。

超级碗不是比尔参加的唯一一个运动之旅，还有每年一次的棒球之旅，其中总是会包括在匹兹堡举行的海盗队的比赛、一场在霍姆斯特德举行的比赛，以及在东部时区的其他几场比赛；还有"既挥杆又跳舞的"卡波圣卢卡斯的高尔夫之旅；还有每年一度的大学橄榄球名人堂入选仪式；还有每年一次去蒙大拿州布特的钓鱼之旅——比尔曾在那里组织过一次年度慈善活动。在比尔去世后，以上所有旅行都得到了他的赞助，这样一来，即使没有他，他的朋友们也可以继续这些旅行。

比尔还在霍姆斯特德赞助了高中同学聚会，确保他的老友们能定期重聚，甚至在执教圣心学校橄榄球队之前，他就会在赛后组织各种活动，所有队员的家人都可以聚在一起喝啤酒、喝汽水、吃汉堡、聊比赛、讲故事。大家根本就不用想付钱的事。比尔还记得他在波士顿学院担任橄榄球助理教练的日子。当时他注意到，也许是因为负担不起，有些教练有时会不去参加社交活动，他想确保没有人因为经济拮据而错过参加活动，所以他总是买单的那个人。

以上所有旅行有什么共同点呢？社群。比尔会本能地建立社群。他知道，当人们彼此相识之后，一个地方就会变得更加强大。

比尔非常关心社群，所以他投资建了一个供大家聚会的地方。Old Pro 是一家体育酒吧，1964 年在帕洛阿尔托的 El Camino Real 和 Page MillRoad 这两条路的交会处创立，用的是一间不知从哪儿搞来的时髦钢结构小屋。20 世纪 90 年代，比尔和他在财捷的团队经常去那里；2005 年前后，酒吧被迫搬迁时，他帮助酒吧老板史蒂夫和丽莎·辛切克（Lisa Sinchek）在帕洛阿尔托市中心一个更好的位置新开了一家酒吧。比尔几乎每周五下午都会出现在那里，举办由他主持的 TGIF（周末庆祝派对）。不同的人会聚集在那里，店里也会准备大量的食物和啤酒。当有新面孔出现时，比尔会大方地将其介绍给大家，而且会选这个人最好的一面或成就来介绍，并强调这一点。这里唯一的规则就是不能带着目的来。没有人来 Old Pro 是为了"认识人"或者搞定生意。比尔喜欢这家酒吧的休闲氛围，在那里可以不拘礼节，无论是因老掉牙的故事而大笑还是谈生意，人们都可以做自己。这里实地展示了他创建的众多社群的风貌，到现在仍然是帕洛阿尔托最受欢迎的地方之一。

酒吧似乎是比尔社群建设故事的主题。菲尔·席勒讲述了比尔获得波士顿学院荣誉学位的故事。比尔在进入哥伦比亚大学担任校队主教练之前，曾在波士顿学院担任橄榄球队助理教练。菲尔是波士顿学院毕业的，所以参加了给比尔颁授学位的典礼。典礼结束后，比尔建议菲尔一起去学校附近一家著名的潜水酒吧 Mary Ann's。当他们到达 Mary Ann's 时，比尔对酒保说，当晚售出的百威淡啤（比尔最喜欢的啤酒）都由他来请——不是只请他们一行人，而是把整个酒吧当晚卖出的这种酒都包了。当时正值毕业季，所以酒吧里挤满了自豪的父母和新毕业的校友，他们中的大多数人都得到了一杯淡啤，以及一位老橄榄球教练的熊抱。

社群建设与我们在前一章讨论的团队建设实践有许多相似之处。对比尔来说，它们从宏观层面上讲都是一回事。一旦你有了属于自己的团队或社群，团队中人和人之间的联系就成了最重要的东西，而这种联系可以通过相互关心和共同的利益建立起来。比尔带大家进行的各种旅行，其实目的都不在于出去玩儿，而在于打造一个又一个社群。这一切都是为了在人们之间建立持久的关系，产生社会学家所说的"社会资本"。[6]正如比尔在哥伦比亚大学时期就认识的一生挚友约翰·西里利亚诺所说："比尔从他打造的社群里、从大家对社群活动的参与中获得了能量，也从受他指导的人们身上获得了能量。从某种意义上讲，他也因此成了一台永动机。"

比尔很幸运，能够负担得起这种相当奢侈的社群建设形式。大多数人都做不到赞助一年一度的超级碗之旅，也买不下一家酒吧！但创造社会资本的方法还有很多。我们采访过的许多人都说，比尔喜欢介绍他们和其他人认识，他在这一点上和别人很不一样。和他谈论一件事情的时候，他会说"你应该和某某人谈谈，我来介绍你们认识"。几分钟后，他的电子邮件就发出了。他这么做并不随意，也不是为了让两个人认识而介绍人们认识。他其实已经快速地分析了一下，发现介绍两个人认识对彼此都有好处。这便是一个相当好的社群的定义。

他在 Old Pro 举办的聚会还很好地说明一点：只要花一些啤酒钱，他就能让大家每周都聚一次。社群建设不一定要花很多钱。

在社会这个语境下，这一原则可能会比在商界更易懂。比尔从来没有和我们谈论过社群，他总是在说团队。但我们通过观察他的社群活动学到了一点：要下功夫在人与人之间建立真正的情感联系，这种联系才可以持久，才能让团队真正强大起来。

始终致力于打造社群

要在工作中和工作之外打造社群。当社群中的成员彼此联系在一起时,这个社群便会变得异常强大。

尽力助人

苏珊·沃西基是谷歌的早期员工，多年来她经常和比尔交流。几年前，苏珊想要参加一个重要的技术和媒体会议，当时她是 YouTube 的负责人。尽管 YouTube 是全球用户最多的视频网站，也是媒体和娱乐界的重要一员，但苏珊无法获得那次大会的邀请。她仔细研究了自己长长的联系人列表，但没有结果。在和比尔一对一会面时，她提起了这件事。比尔讲了一连串粗话作为回应，然后说："太让我生气了！你当然应该去！"他们的会面很快就结束了，一天后，苏珊的收件箱里出现了参加会议的邀请函。

比尔帮了苏珊一个忙，他打了几个电话，给她争取到了邀请函。这件事情非常简单，但在公司里却出乎意料地不同寻常。多年来，我们曾几次想请同事帮忙，都不是什么大事，但确实需要他们绕过既定程序或避过一些小规矩。没有人会因此受到伤害，事实上，如果单凭法律条例来评判，我们想请他们帮忙做的事情绝对是正确的。尽管如此，我们还是被拒绝了。基本上大家说的都是"很抱歉，我不能这么做，你看，我们这个是有流程的……"。

对此比尔会说："胡说八道！"比尔认为应该尽量帮别人的忙。他很慷慨，喜欢帮助别人，所以当他可以打电话给朋友，帮 YouTube 的首席执行官参加一个她绝对够格参加的活动时，他毫不犹豫地做了这件事。他也不会只帮其他高管的忙。比尔认识乔纳森的行政助理、一个叫莎德的年轻人，当比尔在办公室外等乔纳森的时候，他俩就会聊聊天。有一天，比尔问莎德在做什么，她说她正在考虑准备司法考试，她想上法学院。莎德担心乔纳森会对她可能离职的时机有看法，所以在为什么时候申请离职、什么时候把这个消息告诉老板、该怎么开口苦恼不已。

那天见到乔纳森后，比尔把和莎德的谈话告诉了他，乔纳森承认他不知道自己的行政助理原来瞄准了顶尖的法学院。"你应该多了解一下你的部下！"比尔对他说，"出去告诉莎德，不管她什么时候去上学，你都同意。而且既然你是她的老板，就抽点时间给她写封推荐信吧，这是你应该做的。"

第二年，莎德被哥伦比亚大学法学院录取，几年后她毕业了，现在在波士顿从事法律工作。

比尔喜欢帮助别人，而且非常慷慨。当有比尔在的时候，你会幸运地被他请吃一顿晚餐或请喝一顿酒。有一次，他和一群朋友在卡波圣卢卡斯度假，比尔带着所有孩子去吃饭，然后每个人都得到了一件酒吧的T恤衫。他买了几箱非常好的葡萄酒用在他的年度圣诞晚会上，这倒不是因为他喜欢喝葡萄酒，而是因为他喜欢看朋友们喝葡萄酒。你可能会想，好吧，这算什么呀，对于一个有钱人来说，给每个人买T恤衫和葡萄酒还不容易吗？！你说得没错，但早在比尔变得有钱之前，他就是这样一个人。他有一种人人都负担得起的慷慨。比如，他是个很忙的人，但他会慷慨地把自己的时间分配给别人。有时候，得等几个月才能在他的日程表上安排上一件事，但如果你真的需要他的帮助，他会马上打电话过来。

大多数时候，比尔帮的这些小忙都属于亚当·格兰特在他所著的《沃顿商学院最受欢迎的思维课》（Give and Take）[①]一书中所说的"5分钟人情"——这个概念其实是由商人亚当·里夫金（Adam Rifkin）提出的。对于提供帮助的人来说，这些事情做着都不难，也基本没太大成本，但对被帮助的人来说却意义重大。[7]格兰特在2017年与雷布·里贝尔（Reb Rebele）合写的一篇文章中还指出，"做一个有效的给予者，并不意味着每次都要为每个人放下手里的一切……关键是要确保帮助别人的好处大于你所付出的代价"。能妥善处理好这类事情的人都属于"能够保护自我的给予者"，他们"很慷慨，但也知道自己的底线，他们不会答应每一次求助请求，而是会选择高影响力、低成本的帮助方式，从而保持自己的慷慨并享受这个过程"[8]。

慷慨助人与我们在本章中所涉及的爱和社群的概念是紧密联系在一起的。如果你最好的朋友请你帮个忙，你一定会帮的，对吧？你爱你的朋友，（通常情况下）也相信他们的判断力，愿意为他们做任何事，所以当他们请你做一些对他们有帮助并且正确的事情时，你会毫不犹豫地去做。但如果换成你的同事，事情就没那么容易了。你会回复我们听过的那些话，比如"我必须走流程""有人可能会觉得这不公平"等，所以你不会帮忙。

比尔教导我们，帮助一下别人没什么大不了的。不妨帮个忙。运用你的判断力，如果你确信要做的事情没有错，同时每个人都会因此而受益，那就帮个忙吧。

[①] 该书简体中文版2018年由中信出版集团出版。——编者注

尽力助人

慷慨对待你的时间、人脉和其他资源。

爱戴创始人

微软收购财捷的失败,让比尔认识了一位女性,她当时是 Microsoft Money 的产品经理,这是一款与财捷竞争的产品。虽然收购交易没能达成,但她和比尔一直保持着联系。后来她离开了微软,加入了西雅图一家名为亚马逊的初创公司,不久之后,她打电话给比尔,请他引荐自己给约翰·多尔。比尔牵了线,凯鹏华盈最终投资了亚马逊。

几年后的 2000 年,亚马逊创始人兼首席执行官杰夫·贝佐斯休了一段时间的假,和家人待在一起。他此前招了一位首席运营官乔·加利(Joe Galli),但当他结束假期回到公司时,亚马逊正在困境中苦苦挣扎。包括多尔和斯科特·库克在内的董事会成员正在考虑是否应该让杰夫辞职,让乔升任首席执行官。杰夫将继续担任董事长,也许还会担负其他一些职责。当年在财捷,比尔取代斯科特担任首席执行官曾经奏效过。但约翰和其他董事对此并不确定,他们请比尔在西雅图待上一段时间,然后回来汇报他的调研结果。

比尔开始在美国西北太平洋地区来回出差,每周都花几天去亚马逊的办公室,旁听管理层会议,观察公司的运营和文化。几周后,他向董事会汇报说,杰夫·贝佐斯必须留任首席执行官。布拉德·斯通(Brad Stone)在其著作《一网打尽:贝佐斯与亚马逊时代》(*The Everything Store*)①一书中写道："坎贝尔的结论是，加利不合常理地关注薪酬问题和私人飞机等福利，而他看到员工们对贝佐斯忠心耿耿。"[9]

比尔的推荐令一些董事会成员感到意外，但他的报告通过了评估，杰夫继续担任首席执行官。显然，这一决定取得了巨大的成功。

到目前为止，我们已经在本章中谈到了比尔对别人的爱，以及领导者在典型企业环境的限制性规范之外关心员工有多重要。说到这里必须提到一点，比尔还会珍视另一种类型的爱：对创始人的爱。那些有勇气、有技能创立公司的人，在比尔心中占据着非常特殊的地位。他们足够清醒，知道每一天都面对着巨大的困难，每一天都在为生存而战；他们也足够疯狂，认为自己无论如何都能成功。对于任何公司来说，留住他们，让他们充分发挥自己的价值至关重要。

很多时候，我们认为经营公司的核心就是运营，而我们也已经知道，比尔认为卓越运营非常重要。但当我们把领导公司的能力缩减到只剩下运营能力时，却否定了领导力中另一项非常重要的组成部分：愿景。很多时候，引入运营人员可能会把公司管理得更好，但他们会让公司失去核心和灵魂，也就是能推动公司向前发展的愿景。而拥有愿景正是创始人超乎常人之处。比尔之所以喜欢创始人，不仅仅是因为他们一开始就有勇气尝试创业，还

---

① 该书简体中文版 2014 年由中信出版集团出版。——编者注

因为他们对公司愿景的设想和热爱。他也理解创始人身上的局限性，但通常认为他们的价值大过他们的缺点。

比尔曾数次经历这样的情形，也许最夸张的例子就是苹果公司。当新来的"生意人"约翰·斯卡利担任公司首席执行官时，比尔也在苹果，他看着斯卡利最终赶走了联合创始人史蒂夫·乔布斯。许多年后，当史蒂夫回归苹果公司时，他请比尔加入董事会，帮他完成一个看似不可能完成的任务：拯救再有几个月就要破产的苹果公司。史蒂夫需要改变许多东西，从而迫使公司重新把重点放在打造一流产品上。他必须迅速行动，所以他需要他信任的人来帮助他。比尔正是他最信任的那个人。在完成这个任务的过程中，他们不仅成了朋友，更成了亲密的知己。他们几乎每个周末都会一起散步，讨论苹果公司的问题，以及其他一些事情。比尔理解创始人，也理解史蒂夫为何如此出类拔萃。他支持史蒂夫，小心地保护他，以使他免受那些追着他索取东西的人的伤害。

菲尔·席勒回忆道："他们就像在大学聚会上重逢的朋友，试图一起再做点儿什么。史蒂夫需要比尔的帮助和力量来支持这个计划。有时候，他需要的只是一只搭在他肩膀上的胳膊。"

比尔是GO公司引入的"生意人"，而作为公司非常重要的一员，公司创始人杰瑞·卡普兰一直留在公司里，直到公司倒闭的那一天。后来，比尔又作为"生意人"加入了财捷，取代斯科特·库克担任公司首席执行官。斯科特也留在了公司，直到今天，他仍然是财捷非常重要的人物。后来，比尔在谷歌指导了埃里克、拉里和谢尔盖，帮助公司创始人和新任首席执行官完成了或许是最伟大、最具挑战性的一次配合。

每次他秉持的原则都是一样的：爱公司的创始人，无论他们处在哪个职位上，都确保他们切切实实地参与公司的运营。

迪克·科斯托洛接任推特首席执行官时，比尔建议他与公司创始人比兹·斯通（Biz Stone）、杰克·多尔西（Jack Dorsey）和埃文·威廉姆斯（Evan Williams）好好合作。比尔说："今天你是首席执行官，他们是创始人，但有一天，你会成为前首席执行官，而他们仍然是创始人。在这份工作中，你和他们不是对立的，你要与他们协作，你是来帮助他们的。"

许多创业圈以外的公司领导者从来不需要解决和创始人之间的问题，因为在他们加入的时候公司创始人可能已经离开公司很久了。然而站在创始人的角度上，一个基本的论点仍然成立：愿景扮演着非常重要的角色，它是公司的核心和灵魂。愿景通常会在创始人身上体现，但其他许多人身上也可能体现出公司的宗旨和精神。它们不会在资产负债表、利润表或组织架构图上显现出来，却非常有价值。

爱戴创始人

要格外尊敬公司里那些最有远见和热情的人,而且要保护好他们。

电梯里的交流

我们在本章乃至本书中讨论的很多事情,似乎都非常依赖人的个性。比尔可能是我们见过的最"适合和人打交道的人"。那么,那些天生不那么爱和人打交道的人该怎么做才能像比尔一样呢?只有不断地练习。

布鲁斯·奇岑曾在 Claris 与比尔共事,后来成为 Adobe 的首席执行官。在 1994 年刚刚加入 Adobe 时,布鲁斯想起了比尔在 Claris 的做法,所以尝试着效仿他。但布鲁斯发现,自己并不是天生就会做比尔做的那些事情。布鲁斯回忆道:"我曾尝试着记住人们的名字,当我在电梯里遇到一个人的时候,我会和他聊聊,问个好,问问他最近在忙什么。我会不厌其烦地和新员工在自助餐厅共进午餐。我还会让自己参与到对我来说没那么自然的沟通中,但最后的效果真的很好。"

布鲁斯觉得,他在 Adobe 的成功,有一部分功劳要记在这些更具社交性的活动上。在他晋升到首席执行官之前,公司创始人要求他接管产品开发,对于只有销售和营销背景的人来说,这是很不寻常的决定。创始人的理由是,由于他愿意与工程负责人以及他们手下的开发人员对话,工程负责人都变得非常尊重他。

你可能会觉得自己并不具有我们在本书中概述的能力,但它们都是可以后天培养的,关键是要强迫自己去实践。当你在电梯或走廊上遇到某个人,或者在自助餐厅看到自己团队的同事时,你可以停下来,花点时间和他们聊聊天。布鲁斯常说的那些话就是最好的开场白："最近怎么样？在忙什么呢？"随着时间的推移，做这些事情会慢慢变得自然起来。布鲁斯·奇岑说："尝试培养这种人际关系对我来说并不容易，但我努力做到了。幸运的是，后来就没那么难了。"

电梯里的交流

在工作场合爱自己的同事可能不是件容易的事,所以要不断练习,直到它变得自然起来。

在写这本书的过程中，让我们最惊讶的，就是人们谈论比尔时会频繁提到"爱"这个字。在与科技高管、风险投资人之类的人交谈时，通常并不会提及这个字，但是比尔让把爱带进工作场合变成了一件可以接受的事情。他创造了一种文化，而研究这方面内容的人把这种文化称为"同伴"之爱，它是一种喜爱、同情、关心、温柔待人的情感。比尔做到这一点，靠的是真正关心同事以及他们在工作之外的生活，靠的是热情地给人加油鼓劲，靠的是建立社群，尽可能地帮助别人，以及在心中为公司创始人和企业家保留一个特殊的位置。

爱是使一个优秀的团队变得伟大的力量之一。是的，这种爱天生是比尔性格的一部分，他比大多数人都要热情得多！这可能也是他从橄榄球这项运动里学到的东西。

旧金山49人队进入名人堂的四分卫史蒂夫·扬（Steve Young）在2017年9月一次纪念比尔的大会上谈到了团队之爱。他说："伟大的教练能够看得更远，（49人队的教练比尔·沃尔什）每年都会把球队聚到一起并跟大家说，'嘿，伙计们，我们要让这支球队成为一体'。球队里有各种小团体，安全卫们混在一起，来自不同学校、社会经济背景、地域的人，以及讲相同语言、信奉相同宗教的人都各自抱团。他说，'我要打破这些小圈子'……"

"所以当我们在兰博球场落后4分，时间还剩一分半，现在是第三次进攻，还需要向前推进10码时，他希望我们能融为一体。今天是雨夹雪，大家浑身都湿透了，风在刮，8万人在朝你呐喊。人的本性让我想离开这里，我只想跳上大巴，结束这一切。"

"现在大家挤在一起,此时每个人都看着彼此,就好像我们合为一体,我们是带着目的来的,我们有优秀的队员,我们饱含着对彼此的爱和尊重……"

"为什么从1981年到1998年,49人队的表现如此出色?就是因为我们爱着彼此。"①

---

① 在这18个赛季中,49人队16次进入季后赛。兰博球场是绿湾包装工队的主场,后者是49人队经常遇到的对手。

结 语

有违商业直觉，但影响深远

  2017年12月，就在我们完成本书初稿的时候，埃里克决定辞去Alphabet执行主席一职。这个时机选择是对的，公司成功地完成了从谷歌到Alphabet的艰难过渡。Alphabet是一家控股公司，负责监管谷歌以及新兴的"其他业务"，比如生命科学领域的Verily和交通领域的Waymo。包括首席执行官桑达尔·皮查伊在内的新一代领导者已经掌舵谷歌，公司正在蓬勃发展。它成功地过渡到了一个以移动产品为先，甚至在许多地方只有移动产品的世界，并且在机器学习技术令人兴奋的突破的推动下，推出了一系列创新产品和服务。

埃里克在谷歌工作了近17年，于2001年3月成为公司董事会主席。之后，他于2001年8月全职担任谷歌首席执行官，并于2011年4月升任董事会执行主席。现在，他在公司的全职工作即将告一段落。无论以什么样的标准衡量，他都是一个成就卓越的成功人士。然而他发现，就像任何面对挑战或变化的人一样，他需要来自情感上的支持。

当埃里克成为谷歌首席执行官，当他转任公司董事会执行主席时，比尔·坎贝尔都帮助他完成了平稳过渡。比尔与相关人员进行了沟通，并妥善解决了在此过程中和人、情绪有关的问题。当董事会要求埃里克在公司首次公开募股前辞去董事会主席职务时，比尔说服他接受了这一决定。因此当职务变更真正发生时，不仅之前达成的共识得到了执行，而且大家心里都没有芥蒂。这一次，比尔不在了，整个过程给人的感觉也不再一样。大家对接下来的安排达成了一致意见，但再也没有人来指导埃里克完成这一过程。公司为所有人都争取到了最好的结果，但这个过程更像是公事公办，没有了比尔在的时候给人的那种被爱、被肯定的感觉。

管理指导和教练是非常个人化的事情，埃里克知道比尔会对他说些什么，他也知道该怎么做，但他非常想亲耳听到比尔的教诲。

对于旁人来说，这些想法可能显得有点儿傻。毕竟，这次变动牵涉的都是既有权势又成功的高管，涉及的都是首席执行官、董事会执行主席这种高高的名头，绝大多数人一辈子都跟这些头衔无缘。埃里克,或者那些佼佼者在担心什么?为什么埃里克·施密特需要情感上的支持?

事实上,往往是最优秀的人才会感觉最孤独。他们通常有更多相互依存的关系,却感觉更加独立,与他人更为疏远。[1] 他们强大的自尊心和自信促成了他们的成功,但也给他们带来不安全感和不确定性。他们经常遇到想和他们交朋友的人,但这些人这么做只是为了个人利益,而不是为了真正的友谊。他们也是人,也需要别人的肯定,需要知道自己被别人欣赏。当一个人从17年来一直全身心投入的地方退下来的时候,看着这家自己热爱的公司在自己的支持下取得令人瞩目的成就,他可能只需要有人给他一句鼓励的话、一个大大的拥抱,并告诉他一切都会顺利,公司一定会有非常激动人心的未来。但比尔不能亲口对他说这些话了,他走了。

开始写这本书的时候,我们有在和比尔共事过程中获得的第一手经验,我们知道他在谷歌成功过程中所起的重要作用,我们还知道他曾与硅谷的其他许多人一起工作。通过对比尔认识和指导过的人的访谈,以及对他奉行的管理原则的研究,我们又学到了很多很多。一套更详细、更复杂的比尔管理之道浮现出来,我们也列出了一系列论点,阐述了他的管理原则对公司成功的重要性。

公司要想取得成功,需要有像社群一样密切合作的团队,团

---

[1] 菲奥娜·李(Fiona Lee)和拉丽莎·蒂登斯(Larissa Z. Tiedens)在2001年的一篇论文中探讨了这些相互依存和独立的因素是如何相互加强的,并指出,"权力能创造一种与他人疏离和与众不同的主观感觉"。

队中的每个人都要认同共同的利益,把分歧放在一边,齐心协力致力于做对公司有利和正确的事情。这种默契无法在一群人中间自然而然地形成,在表现优异、志向远大的人中间就更难发生,所以才需要有人扮演教练或者团队教练的角色,推动大家形成默契。在一个技术已经渗透到各个行业以及消费者生活的大多数方面,而且速度和创新变得至关重要的时代,任何想要取得成功的公司都必须将团队管理训练作为其文化的一部分。在公司高管中间尤其如此。如果想让高管团队发挥出最好的水平,就必须为他们配备一位管理教练。

有比尔·坎贝尔担任我们的教练是我们的幸运,大多数团队并没有这么幸运,但这也没关系。因为最适合当团队教练的人就是团队的管理者。要想成为优秀的管理者和领导者,首先要成为一个优秀的教练。管理训练不再是一门专长,如果做不了优秀的教练,你就不可能成为一个优秀的管理者。在一个快速发展、高度竞争、由技术驱动的商业世界中,要想成功,就要组建一个能有效、高效工作的团队,并给团队成员成就大事所需的资源和自由。而高绩效团队的领导者既要是个充满悟性的管理者,又得是个懂得关心他人的教练。

在本书中,我们探讨了比尔完成团队教练任务时所采用的方法。他坚持卓越管理,并不断强调简单做法的重要性,因为所有的简单做法加到一起,就等于强大的公司运营。他认为,那些把员工放在第一位、运营有方的管理者,自然而然会被员工拥戴为领导者。他们的领导力不是别人给的,而是自己努力获得的。针对沟通，比尔有一套深思熟虑、始终如一的方法论。他高度重视决断力。强有力的管理者应该察觉到辩论结束的时机，并做出最终抉择。他欣赏那些表现优异、行为可能偏离常规的"非一般天才"，但他也主张，如果这类人的行为危及团队的生存，必须马上采取措施。他认为，优秀的产品和创造它们的团队是一家优秀公司的核心资产，其他的一切都应该服务于这个核心。他也知道，有时候管理者不得不裁员，但他们应该让员工有尊严地离开。

他明白人际关系建立在信任的基础上，所以他把与同事建立信任和忠诚放在首位。他能全神贯注地倾听，能坦率到毫不留情，而且他对下属的信任超过了他们对自己的信任。他认为团队至高无上，坚持应该把团队放在第一位，遇到任何问题，他都会首先审视团队，不会直接动手解决问题。他会找出最大的那些问题，也就是那些显而易见而又被忽略的事实，并把它们推到所有人面前，确保这些问题能首先得到解决。他经常做一些幕后工作，通过在走廊里和人沟通、跟人们通电话以及一对一会面，弥合沟通的鸿沟。他敦促领导者要发挥领导作用，在形势不好的时候尤为如此。他相信多元化，也认为人们应该在工作场所做完整的自己。

他爱大家，并把这种爱带到了他创建或加入的各个社群里。他让把爱带进工作场合变成了一件可以接受的事情。

我们采访了一些人，构建了一系列论点，列举出了比尔奉行的管理原则，并用人们的原话和故事支持了这些原则。但是，直到本书作者之一埃里克面临职业重大转折，而他的教练比尔已经无法给予他帮助的时候，我们才真正感受到这些原则的存在。

2017年12月的一个下午，乔纳森正在和妻子贝丽尔遛自家的狗Bo。那天上午，乔纳森收到了埃里克的邮件，埃里克说他准备辞掉董事会执行主席一职。虽然这个消息让乔纳森觉得很不安，但他能感觉到，埃里克其实面对着更大的不确定性。乔纳森把这个想法告诉了贝丽尔，她说："你必须帮帮他。"Bo也摇着尾巴表示同意。

于是乔纳森开始思考：如果比尔还在，他会怎么做？

答案是，比尔会帮埃里克想出最适合他的后续计划。比尔不会告诉埃里克该做什么，而会引导他自己制订出一个计划。比尔会给埃里克一个拥抱，并拍拍他的后背，提醒他过去17年来他在谷歌的表现非常优秀。比尔会召集一小群人，用埃里克最喜欢的东西包围他：宏伟的想法、新的动力、迷人的科学和先进的技术。比尔会带着爱和肯定去做这些事。

于是乔纳森就这么去做了。他和埃里克聊了聊，还和埃里克的好友、经营Alphabet的子公司Jigsaw的贾里德·科恩（Jared Cohen）聊了聊。他还请来了艾伦·伊格尔，然后他们几个开始为一个最后定名为"埃里克3.0"的项目出谋划策。最重要的是，他关心着埃里克，并召集了其他关心埃里克的人来一起帮忙。因为在撰写本书的过程中，我们三个认识到了一个有关团队教练的基本事实，以及比尔做到这一点的办法。

比尔意识到，作为人，我们都会关心爱、家庭、金钱、注意力、权力、意义和目的，而这些是所有商业环境的构成因子。要打造高效团队，就必须理解和关注这些人类共同的价值观。无论年龄、级别或地位如何，它们都是我们每个人的一部分。比尔不会把别人分割开来看待，这样一来，他便可以激励他们像生意人一样行事。他明白，积极的人类价值观能够产生正向的商业成果。但很多商界领袖都忽视了这层关系。这就是为什么我们觉得，现在学着理解这层关系非常重要。这有违商业世界的直觉，但对成功至关重要。

我们这个小团队逐渐为埃里克下一阶段的职业生涯制订了计划。有个计划很重要。组建一个团队是最重要的。

有关"接下来干什么"的决定

约翰·多纳霍在 2015 年辞去易贝首席执行官时,面临的情况与埃里克有点类似:一个成功的商界人士,50 多岁,孩子们也都长大了……下一步怎么办?

约翰在回答这个问题时,采访了几十个比他年长但仍充满活力的人,询问他们是如何实现类似的转变、在晚年继续自己的职业生涯的。以下是他得到的回答:

要有创造力。50 岁以后应该是人最有创造力的时候。你有丰富的经验,而且可以自由地把它们运用到需要的地方。避免使用类似于你已经步入"下半场"这样的比喻,它会拉低你所能产生的影响。

别做你只略懂皮毛的事情。不要只是做很多(可能互不相干的)事情。不管做什么都要有责任心,而且要承担后果。做推动事情前进的人。

与有活力的人合作。让自己身处这些人中间,和他们多多接触——通常他们都会比你年轻。

施展你的天赋。找出你特别擅长做的事情,以及让你与众不同的能力。理解你内心的呼唤和那些能催生你使命感的东西,然后开始行动。

不要浪费时间去担心未来。听从上天的安排,因为人生的大多数转折点都是无法预测或控制的。

比尔通常不会因为教练工作而拿报酬。他在第一次去丹·罗森斯威格的办公室时就说："我不收现金，不拿股份，什么都不要。"他一再拒绝对他在谷歌的工作给予补偿，虽然他最终接受了一些股票，但他把所有的钱都捐给了慈善机构。这有违常理，因为大多数公司的顾问都会得到股票或现金报酬。但比尔觉得，他从商之后，已经得到了足够多的报酬，现在他想要回报大家。现在担任Enjoy首席执行官的罗恩·约翰逊（Ron Johnson）2013年辞去杰西潘尼（JCPenney）首席执行官一职时，比尔对他说："如果你得到了上帝的祝福，那就把你的福气带给别人吧。"比尔就给他人带去了福气。

当被问及为什么总是不要报酬时，比尔说，他用另一种方法、他自己的标准来衡量他的影响。他说："我会回顾一下我的所有下属，或者我曾以某种方式帮助过的人，然后数一数现在有多少人成了优秀的领导者。这就是我衡量成功的方法。"

在撰写本书的过程中，我们采访了80多位优秀的领导者，他们都认为比尔在自己的成功之路上起到了重要作用。还有更多的人我们没能采访到。比尔的衡量标准看起来很不错。

我们希望在阅读本书的过程中，你能学到一些管理原则，帮助你成为更好的管理者、更好的教练。我们希望你正在思考如何让你的团队变得更优秀，如何才能促使自己变得更优秀，如何突破你给自己强加的各种限制。我们希望你能成为另一位符合比尔衡量标准的领导者，因为这个世界面临着诸多挑战，它们只能由各类团队来解决，而这些团队都需要教练。

致　谢

撰写本书让我们肩负了一项重大的责任，为此，我们首先要感谢比尔的遗孀艾琳·博奇和他的孩子吉姆·坎贝尔与玛吉·坎贝尔。能得到这个超级难得的机会，我们感到非常荣幸和高兴。

我们采访了80多位曾受到比尔影响的人，他们都是事务繁忙的成功人士，但他们每个人都给了我们不受限制的采访时间，而且所有人在采访结束时都表示，愿意以任何方式帮助我们创作本书。在此谨向以下所有人表示由衷的感谢：

戴维·阿格斯，谢莉·阿尔尚博，克里斯汀娜·霍默·阿姆斯特朗，克莱·巴沃尔，蔡斯·比勒，德博拉·比翁多利洛，李·布莱克，拉兹洛·博克，李·博林杰，托德·布拉德利，谢尔盖·布林，肖娜·布朗，伊芙·伯顿，阿尔·巴茨，德里克·巴茨，布鲁斯·奇岑，贾里德·科恩，斯科特·库克，迪克·科斯托洛，埃迪·库伊，约翰·多尔，约翰·多纳霍，米基·德雷克斯勒，戴维·德拉蒙德，唐娜·杜宾斯基，乔·杜卡尔，布拉德·埃希金，艾伦·尤斯塔斯，布鲁诺·福托佐，帕特·加拉格尔，迪安·吉尔伯特，艾伦·格莱谢尔，阿尔·戈尔，戴安娜·格林，比尔·格利，约翰·亨尼西，本·霍洛维茨，布拉德利·霍洛维茨，马克·休曼，查德·赫尔利，吉姆·胡森，鲍勃·伊格，埃里克·约翰逊，钟彬娴，萨拉尔·卡曼加尔，维诺德·科斯拉，戴夫·金瑟，奥米德·科德斯塔尼，斯科蒂·克莱默，亚当·拉辛斯基，伦尼·洛特，玛丽莎·梅耶尔，马克·梅热，迈克·麦克库伊，玛丽·米克尔，希希尔·梅罗特拉，埃米尔·迈克尔，迈克尔·莫，拉里·佩奇，桑达尔·皮查伊，帕特里克·皮谢特，彼得·皮林，露丝·波拉特，杰夫·雷诺兹，杰西·罗杰斯，丹·罗森斯威格，韦恩·罗辛，吉姆·鲁格斯，谢丽尔·桑德伯格，菲尔·席勒，菲利普·辛德勒，莎德·斯弗林，丹尼·沙德尔，拉姆·施里兰，布拉德·史密斯，埃斯塔·斯代奇，罗恩·舒格尔博士，史黛西·沙利文，尼拉夫·托利亚，蕾切尔·惠茨通，苏珊·沃西基。

像任何重大项目一样，本书是团队努力的结果，而且我们有一个非常棒的团队。劳伦·勒博夫（Lauren LeBeouf）帮我们组织和管理所有采访，更重要的是，事实证明，她是一名精明而又善解人意的编辑。她大大地提升了本书的水准。

玛丽娜·克拉科夫斯基（Marina Krakovsky）帮助我们将比尔的管理原则与学术研究匹配了起来，切实证明了他在商业管理领域的确超前于时代。她总是很有创造力和洞察力，而且是个很优秀的编辑。很高兴再次与你合作，玛丽娜！

吉姆·莱文（Jim Levine）一直以来都是我们的经纪人、支持者和教练，在激烈的辩论之后，他引导我们给本书起了个最合适的名字。霍利斯·亨布奇（Hollis Heimbouch）推动我们走上了正确的方向，让我们的思想更加精练，并友好地帮助我们这些有时一头雾水的西海岸技术专家理解了出版界。感谢你们始终不渝的支持和帮助！

梅丽萨·卡森·托马斯（Melissa Carson Thomas）帮助我们核查了各类事实。她对细节有着令人难以置信的洞察力，同时也有挖掘真相的诀窍和热情。谢谢你的支持，梅丽莎。

马克·埃伦博根（Marc Ellenbogen）、科里·杜布朗（Corey duBrowa）、温妮·金（Winnie King）和汤姆·奥利弗里（Tom Oliveri）是我们在谷歌的同事和朋友，他们帮助我们弄清楚了大公司法律和公关方面的各种细节，同时保持了本书叙事核心和灵魂的完整性。

卡伦·梅（Karen May）负责谷歌的领导力培训，并与比尔密切合作，帮助他向谷歌员工传授自己的管理原则。她帮助我们启动了这个项目，并为本书手稿提供了几点颇具洞察力的补充意见。

盖伊·川崎（Guy Kawasaki）著有十几部非常成功的著作。他花时间阅读了我们的书稿，并向我们提出了非常直接而有针对性的反馈！（比如"你们真的觉得这就算写完了吗？"）

亚当·格兰特不仅答应为本书作序，还提供了许多有趣的学术参考资料，用一封长长的、讲运动队趣事的电子邮件逗我们开心，而且贡献了一句来自查尔斯·达尔文的超棒的名言。

珍妮弗·阿克（Jennifer Aaker）在斯坦福商学院任教，她在叙述手法和讲故事的技巧方面给了我们很多反馈，但我们的这本书还是没能像她的家庭游记那样妙趣横生。

埃米特·金（Emmett Kim）、辛迪·梅（Cindy Mai）和安迪·伯恩特（Andy Berndt）的封面设计启发了我们。罗德里戈·科拉尔（Rodrigo Corral）和安娜·卡索维（Anna Kassoway）帮助我们完成了封面设计，过程中有过混乱（和争议），但最后的成果非常漂亮。感谢你们的耐心和超棒的创意。

明迪·马修斯（Mindy Matthews）是一位出色的文字编辑，她是时态守护神、冗文和逗号的杀手。本书中她唯一没有细看细节的句子就是感谢她的这两句。

乔希·罗森伯格（Josh Rosenberg）帮那些完全不懂怎么做文字编辑的人进行了细致入微的编辑。不过由于我们没有把勇士队列入有史以来最伟大的运动队的名单，他还在生我们的气。汉娜·罗森伯格和贝丽尔·格蕾丝（Beryl Grace）在每一个环节上都提出了自己的建议，她们经常在餐桌上问"比尔会怎么做"，从而提醒乔纳森回忆比尔的一言一行。

乔安妮·伊格尔（Joanne Eagle）在高中时偶尔会当艾伦和乔纳森的代课英语老师，显然她仍然觉得必须给我们的试卷打个分。谢谢您，妈妈！

马克·法伦（Mark Fallon）是我们在霍姆斯特德的老友，他为我们提供了关于比尔家乡的宝贵信息，以及挂在乔纳森办公室里的那幅超级棒的比尔肖像照。我们用取自谷歌排球场上的沙子描摹了这幅照片。

黛比·布鲁克菲尔德是比尔多年来的助手，当我们长途跋涉到达比尔的办公室时，她总是会热情地跟我们打招呼。她的服务贯穿了比尔的职业生涯。

肯·奥莱塔（Ken Auletta）曾几次和比尔交涉为他写书的事，并就手稿给了我们一些很好的意见。我们很荣幸能得到他的帮助。

好友格伦·叶菲特（Glenn Yeffeth）是BenBellaBooks一位成功的出版商，他帮助我们从内部人士的角度了解了出版业。

乔希和贾森·马尔科夫斯基－伯格夫妇（Josh and Jason Malkofsky-Berger）为自己是乔纳森粉丝俱乐部的会员而感到自豪，他们主动阅读了几乎所有他写的东西，并给出了宝贵建议。

唐·哈奇森（Don Hutchison）要求能尽早读到全书，这样他就可以成为第一个写出一篇排名靠前的优秀书评的人。快点写啊，唐！

我们在谷歌的长期合作伙伴普雷姆·拉马斯瓦米（Prem Ramaswami）总是给我们很棒的建议，然后只把最好的观点纳入他在大学的讲座材料里。

苏珊·费根鲍姆（Susan Feigenbaum）不仅在大学里教会了乔纳森他所知道的一切关于统计学的知识，同时也在讲故事技巧和叙述手法方面给了他很好的意见。

真正的好莱坞编剧马特·皮肯（Matt Pyken）向我们传授了增加本书吸引力、让读者的眼睛不放过每一页的办法。

杰夫·黄（Jeff Huang）教授哲学，专注于伦理学和道德问题研究。他鼓励我们写一本关于比尔的书，这样他就可以向学生们传授比尔的管理原则了。

乔纳森之前在苹果公司的上司詹姆斯·艾萨克斯（James Isaacs）本人就是一个终身学习者，他不断地督促我们做得更好。

戴夫·迪兹（Dave Deeds）是研究企业家精神的教授，他引导我们把本书写得易于让所有小公司的创始人和负责人阅读，是他们创造了大部分的经济增长。

埃里克·布雷弗曼（Eric Braverman）、凯茜·克罗克特（Cassie Crockett）和丹尼斯·伍德赛德（Dennis Woodside）都在百忙之中抽出时间阅读了书稿，并向我们反馈了他们的想法。我们依然在思考埃里克和凯西提出的"概念性问题"。

扎克·格雷彻（Zach Gleicher）是谷歌公司的助理项目经理，我们通过比尔认识了他。比尔向我们保证说，扎克会在谷歌干得很出色，比尔确实慧眼识珠！

注 释

开 篇　万亿美元教练比尔·坎贝尔

1. Arthur Daley, "Sports of the Times; Pride of the Lions," *New York Times*, November 22, 1961.

2. "300 Attend Testimonial for Columbia's Eleven," *New York Times*, December 20, 1961.

3. 照片由 Columbia University Athletics 提供。

4. 照片由 Columbia University Athletics 提供。

5. George Vecsey, "From Morningside Heights to Silicon Valley," *New York Times*, September 5, 2009.

6. Charles Butler, "The Coach of Silicon Valley," *Columbia College Today*, May 2005.

7. P. Frost, J. E. Dutton, S. Maitlis, J. Lilius, J. Kanov, and M. Worline, "Seeing Organizations Differently: Three Lenses on Compassion," in *The SAGE Handbook of Organization Studies*, 2nd ed., eds. S. Clegg, C. Hardy, T. Lawrence, and W. Nord (London: Sage Publications, 2006), 843–66.

8. Butler, "The Coach of Silicon Valley."

9. Michael Hiltzik, "A Reminder That Apple's '1984' Ad Is the Only Great Super Bowl Commercial Ever—and It's Now 33 Years Old," *Los Angeles Times*, January 31, 2017.

10. Michael P. Leiter and Christina Maslach, "Areas of Worklife: A Structured Approach to Organizational Predictors of Job Burnout," *Research in Occupational Stress and*

Well Being (January 2004), 3:91–134.

11. 关于权力内斗的负面影响，请参见 L. L. Greer, Lisanne Van Bunderen, and Siyu Yu, "The Dysfunctions of Power in Teams: A Review and Emergent Conflict Perspective," *Research in Organizational Behavior* 37 (2017): 103–24。

    关于地位冲突对团队的伤害，请参见 Corinne Bendersky and Nicholas A. Hays, "Status Conflict in Groups," *Organization Science* 23, no. 2 (March 2012): 323–40。

12. D. S. Wilson, E. Ostrom, and M. E. Cox, "Generalizing the Core Design Principles for the Efficacy of Groups," *Journal of Economic Behavior & Organization* 90, Supplement (June 2013): S21–S32.

13. Nathanael J. Fast, Ethan R. Burris, and Caroline A. Bartel, "Insecure Managers Don't Want Your Suggestions," *Harvard Business Review*, November 24, 2014.

14. Saul W. Brown and Anthony M. Grant, "From GROW to GROUP: Theoretical Issues and a Practical Model for Group Coaching in Organisations," *Coaching: An International Journal of Theory, Research and Practice* 3, no. 1 (2010): 30–45.

15. Steven Graham, John Wedman, and Barbara Garvin-Kester, "Manager Coaching Skills: What Makes a Good Coach," *Performance Improvement Quarterly* 7, no. 2 (1994): 81–94.

16. Richard K. Ladyshewsky, "The Manager as Coach as a Driver of Organizational Development," *Leadership & Organization Development Journal* 31, no. 4 (2010): 292–306.

第一章　头衔让你成为管理者，员工让你成为领导者

1. Fariborz Damanpour, "Organizational Innovation: A Meta-Analysis of Effects of Determinants and Moderators," *Academy of Management Journal* 34, no. 3 (September 1991): 555–90; Brian Uzzi and Jarrett Spiro, "Collaboration and Creativity: The Small World Problem," *American Journal of Sociology* 111, no. 2 (September 2005): 447–504.

2. Nicholas Bloom, Erik Brynjolfsson, Lucia Foster, Ron S. Jarmin, Megha Patnaik, Itay Saporta-Eksten, and John Van Reenen, "What Drives Differences in Management," Centre for Economic Performance Research discussion paper, No. DP11995 (April 2017).

3. Ethan Mollick, "People and Process, Suits and Innovators: The Role of Individuals in Firm Performance," *Strategic Management Journal* 33, no. 9 (January 2012): 1001–15.

4. Linda A. Hill, "Becoming the Boss," *Harvard Business Review*, January 2007.

5. Mark Van Vugt, Sarah F. Jepson, Claire M. Hart, and David De Cremer, "Autocratic Leadership in Social Dilemmas: A Threat to Group Stability," *Journal of Experimental Social Psychology* 40, no. 1 (January 2004), 1–13.

6. Nicholas Carlson, "The 10 Most Terrible Tyrants of Tech," Gawker. August 12, 2008, http://gawker.com/5033422/the-10-most-terrible-ty rants-of-tech.

7. Jeffrey Pfeffer and John F. Veiga, "Putting People First for Organizational Success," *Academy of Management Executive* 13, no. 12 (May 1999): 37–48.

8. Steven Postrel, "Islands of Shared Knowledge: Specialization and Mutual Understanding in Problem-Solving Teams," *Organization Science* 13, no. 3 (May 2002): 303–20.

9. Jerry Kaplan, *Startup: A Silicon Valley Adventure* (New York: Houghton Mifflin Harcourt, 1994), 198.

10. Joseph A. Allen and Steven G. Rogelberg, "Manager-Led Group Meetings: A Context for Promoting Employee Engagement," *Group & Organization Management* 38, no. 5 (September 2013): 543–69.

11. Jennifer L. Geimer, Desmond J. Leach, Justin A. DeSimone, Steven G. Rogelberg, and Peter B. Warr, "Meetings at Work: Perceived Effectiveness and Recommended Improvements," *Journal of Business Research* 68, no. 9 (September 2015): 2015–26.

12. Matthias R. Mehl, Simine Vazire, Shannon E. Hollenen, and C. Shelby Clark, "Eavesdropping on Happiness: Well-being Is Related to Having Less Small Talk and More Substantive Conversations," *Psychological Science* 21, no. 4 (April 2010): 539–41.

13. A deeper look at empowering opposing parties in mediation can be found in this article: Robert A. Baruch Bush, "Efficiency and Protection, or Empowerment and Recognition?: The Mediator's Role and Ethical Standards in Mediation," *University of Florida Law Review* 41, no. 253 (1989).

14. Kristin J. Behfar, Randall S. Peterson, Elizabeth A. Mannix, and William M. K. Trochim, "The Critical Role of Conflict Resolution in Teams: A Close Look at the Links Between Conflict Type, Conflict Management Strategies, and Team Outcomes," *Journal of Applied Psychology* 93, no. 1 (2008): 170–88.

15. James K. Esser, "Alive and Well After 25 Years: A Review of Groupthink Research," *Organizational Behavior and Human Decision Processes* 73, nos. 2–3 (March 1998): 116–41.

16. Ming-Hong Tsai and Corinne Bendersky, "The Pursuit of Information Sharing:

Expressing Task Conflicts as Debates vs. Disagreements Increases Perceived Receptivity to Dissenting Opinions in Groups," *Organization Science* 27, no. 1 (January 2016): 141–56.

17. Manfred F. R. Kets de Vries, "How to Manage a Narcissist," *Harvard Business Review*, May 10, 2017.

18. Amy B. Brunell, William A. Gentry, W. Keith Campbell, Brian J. Hoffman, Karl W. Kuhnert, and Kenneth G. DeMarree, "Leader Emergence: The Case of the Narcissistic Leader," *Personality and Social Psychology Bulletin* 34, no. 12 (October 2008): 1663–76.

19. Henry C. Lucas, *The Search for Survival: Lessons from Disruptive Technologies* (New York: ABC-CLIO, 2012), 16.

20. Thomas Wedell-Wedellsborg, "Are You Solving the Right Problems?," *Harvard Business Review*, January–February 2017.

21. Manuela Richter, Cornelius J. König, Marlene Geiger, Svenja Schieren, Jan Lothschütz, and Yannik Zobel, "'Just a Little Respect': Effects of a Layoff Agent's Actions on Employees' Reactions to a Dismissal Notification Meeting," *Journal of Business Ethics* (October 2016): 1–21.

22. Ben Horowitz, *Hard Thing About Hard Things* (New York: Harper Business, 2014), 79.

23. Benjamin E. Hermalinand Michael S. Weisbach, "Board of Directors as an Endogenously Determined Institution: A Survey of the Economic Literature," *FRBNY Economic Policy Review* 9, no. 1 (April 2003): 7–26.

24. Jeffrey A. Sonnenfeld, "What Makes Great Boards Great," *Harvard Business Review*, September 2002.

第二章　信任是基石

1. Denise M. Rousseau, Sim B. Sitkin, Ronald S. Burt, and Colin Camerer, "Not So Different After All: A Cross-Discipline View of Trust," *Academy of Management Review* 23, no. 3 (1998): 393–404.

2. Tony L. Simons and Randall S. Peterson, "Task Conflict and Relationship Conflict in Top Management Teams: The Pivotal Role of Intragroup Trust," *Journal of Applied Psychology* 85, no. 1 (February 2000): 102–11.

3. Alan M. Webber, "Red Auerbach on Management," *Harvard Business Review*, March 1987.

4. Amy Edmondson, "Psychological Safety and Learning Behavior in Work Teams," *Administrative Science Quarterly* 44, no. 2 (June 1999): 350–83.

5. Suzanne J. Peterson, Benjamin M. Galvin, and Donald Lange, "CEO Servant Leadership: Exploring Executive Characteristics and Firm Performance," *Personnel Psychology* 65, no. 3 (August 2012): 565–96.

6. Carl Rogers and Richard E. Farson, *Active Listening* (Chicago: University of Chicago Industrial Relations Center, 1957).

7. Andy Serwer, "Gamechangers: Legendary Basketball Coach John Wooden and Starbucks' Howard Schultz Talk About a Common Interest: Leadership," *Fortune*, August 11, 2008.

8. Jack Zenger and Joseph Folkman, "What Great Listeners Actually Do," *Harvard Business Review*, July 14, 2016.

9. Kaplan, *Startup*, 199–200.

10. Mats Alvesson and Stefan Sveningsson, "Managers Doing Leadership: The Extra-Ordinarization of the Mundane," *Human Relations* 56, no. 12 (December 2003): 1435–59.

11. Niels Van Quaquebeke and Will Felps, "Respectful Inquiry: A Motivational Account of Leading Through Asking Questions and Listening," *Academy of Management Review* 43, no. 1 (July 2016): 5–27.

12. Ron Carucci, "How to Use Radical Candor to Drive Great Results," *Forbes*, March 14, 2017.

13. Fred Walumbwa, Bruce Avolio, William Gardner, Tara Wernsing, and Suzanne Peterson, "Authentic Leadership: Development and Validation of a Theory-Based Measure," *Journal of Management* 34, no. 1 (February 2008): 89–126.

14. Rachel Clapp-Smith, Gretchen Vogelgesang, and James Avey, "Authentic Leadership and Positive Psychological Capital: The Mediating Role of Trust at the Group Level of Analysis," *Journal of Leadership and Organizational Studies* 15, no. 3 (February 2009): 227–40.

15. Erik de Haan, Vicki Culpin, and Judy Curd, "Executive Coaching in Practice: What Determines Helpfulness for Clients of Coaching?" *Personnel Review* 40, no. 1 (2011): 24–44.

16. Y. Joel Wong, "The Psychology of Encouragement: Theory, Research, and Applications," *Counseling Psychologist* 43, no. 2 (2015): 178–216.

第三章　先解决团队问题，再解决问题本身

1. Charles Darwin, *Descent of Man, and Selection in Relation to Sex* (London: J. Murray, 1871), 166.

2. James W. Pennebaker, *The Secret Life of Pronouns: What Our Words Say About Us* (New York: Bloomsbury, 2011).

3. Carol S. Dweck, *Mindset: The New Psychology of Success* (New York: Random House, 2006), 7.

4. Daniel J. McAllister, "Affect-and Cognition-Based Trust as Foundations for Interpersonal Cooperation in Organizations," *Academy of Management Journal* 38, no. 1 (1995): 24–59.

5. U.S. Equal Employment Opportunity Commission, *Diversity in High Tech*, May 2016; Elena Sigacheva, *Quantifying the Gender Gap in Technology*, Entelo, March 8, 2018, blog.entelo.com.

6. Anita Williams Woolley, Christopher F. Chabris, Alex Pentland, Nada Hashmi, and Thomas W. Malone, "Evidence for a Collective Intelligence Factor in the Performance of Human Groups," *Science* 330, no. 6004 (October 2010): 686–88.

7. Laura Sherbin and Ripa Rashid, "Diversity Doesn't Stick Without Inclusion," *Harvard Business Review*, February 1, 2017.

8. 以下两篇论文很好地研究了应对"应激源"的两种办法：Charles S. Carver, Michael F. Scheier, and Jagdish Kumari Weintraub, "Assessing Coping Strategies: A Theoretically Based Approach," *Journal of Personality and Social Psychology* 56, no. 2 (February 1989): 267–83。

9. Alice M. Isen, Kimberly A. Daubman, and Gary P. Nowicki, "Positive Affect Facilitates Creative Problem Solving," *Journal of Personality and Social Psychology* 52, no. 6 (June 1987): 1122–31.

10. Kaplan, *Startup*, 254.

11. Walter F. Baile, Robert Buckman, Renato Lenzi, Gary Glober, Estela A. Beale, and Andrzej P. Kudelka, "SPIKES—A Six-Step Protocol for Delivering Bad News: Application to the Patient with Cancer," *Oncologist* 5, no. 4 (August 2000): 302–11.

12. John Gerzema and Michael D'Antonio, *The Athena Doctrine: How Women (and the Men Who Think Like Them) Will Rule the Future* (San Francisco: Jossey-Bass, 2013).

第四章　愿景和热爱，是公司的核心和灵魂

1. Nicolas O. Kervyn, Charles M. Judd, and Vincent Y. Yzerbyt, "You Want to Appear Competent? Be Mean! You Want to Appear Sociable? Be Lazy! Group Differentiation and the Compensation Effect," *Journal of Experimental Social Psychology* 45, no. 2 (February 2009): 363–67.

2. Kaplan, *Startup*, 42.

3. Sigal G. Barsade and Olivia A. O'Neill, "What's Love Got to Do with It? A Longitudinal Study of the Culture of Companionate Love and Employee and Client Outcomes in a Long-term Care Setting," *Administrative Science Quarterly* 59, no. 4 (November 2014): 551–98.

4. Suzanne Taylor, Kathy Schroeder, and John Doerr, *Inside Intuit: How the Makers of Quicken Beat Microsoft and Revolutionized an Entire Industry* (Boston: Harvard Business Review Press, 2003), 231.

5. Jason M. Kanov, Sally Maitlis, Monica C. Worline, Jane E. Dutton, Peter J. Frost, and Jacoba M. Lilius, "Compassion in Organizational Life," *American Behavioral Scientist* 47, no. 6 (February 2004): 808–27.

6. 杜克大学 1999 年的这篇论文深入研究了社会资本：Nan Lin, "Building a Network Theory of Social Capital," *Connections* 22, no. 1 (1999): 28–51。

7. Adam Grant, *Give and Take: Why Helping Others Drives Our Success* (New York: Penguin Books, 2013), 264–65.

8. Adam Grant and Reb Rebele, "Beat Generosity Burnout," *Harvard Business Review*, January 2017.

9. Brad Stone, *The Everything Store: Jeff Bezos and the Age of Amazon* (New York: Little, Brown, 2013).

结　语　有违商业直觉，但影响深远

1. Fiona Lee and Larissa Z. Tiedens, "Is It Lonely at the Top? The Independence and Interdependence of Power Holders," *Research in Organizational Behavior* 23 (2001): 43–91.

大咖推荐

无论什么时候见到比尔,他都能在重要的问题上给我非常棒的见解。他关注的核心是你生活里的那些人。比尔非常重视社群以及把人凝聚在一起的那些原则。《成就》详细阐述了这些原则,它们也是谷歌领导层培训的核心内容,由此公司的所有领导者都可以继续向比尔学习。

——谷歌首席执行官 桑达尔·皮查伊(Sundar Pichai)

比尔对创新和团队协作的热情是苹果公司和这个世界的一笔财富。《成就》捕捉到了他永不倦怠的精神,从而让后辈们有了向我们这个行业最伟大的领导者之一学习的机会。

——苹果公司首席执行官 蒂姆·库克(Tim Cook)

比尔在分享智慧时慷慨且不计回报。我曾有幸在数年之中接受过他的指导,那之后有人向我咨询建议时,我都会想起比尔,并尝试实践他列举过的那些案例。

——脸书首席运营官 谢丽尔·桑德伯格(Sheryl Sandberg)

每当要做艰难抉择时，我都会想到比尔·坎贝尔。比尔会怎么做？他有一种天赋，可以帮助别人认识到自己的全部潜能，让组织更好地协作共进。

——YouTube 首席执行官　苏珊·沃西基（Susan Wojcicki）

比尔·坎贝尔是个世界级的倾听者、名满天下的教练，也是我见过的最具智慧的人。他志向远大、热心助人、做事靠谱、坦诚直率，他一手打造了今天的谷歌以及其他数十家企业的文化。

——风险投资公司 KPCB 董事长　约翰·多尔（John Doerr）

无论在商界还是生活中，那些成功的、有才华的、多样化的团队，只有放下自我，才能取得胜利。《成就》让读者了解到，是哪些东西塑造了比尔的领导风格，并让它真正行之有效。

——风险投资公司 Bond Capital 合伙人、"互联网女皇"
玛丽·米克尔（Mary Meeker）

埃里克·施密特在《重新定义公司》中，讲述了谷歌招募人才并提供不设限平台的方法。在这本《成就》中，他补充了让公司成功的重要一环，即如何把人才打造成强大的团队。书中的领导力原则和管理之道，深刻影响了谷歌、苹果、脸书等硅谷巨头，相信也值得中国的创业者借鉴。

——樊登读书会创始人　樊登

硅谷传奇的另一面

曾鸣

阿里巴巴集团前总参谋长
《智能商业》《智能战略》作者

真正的"成就",不是世俗意义上的成功,而是成就他人,成就自己。商业领域也一样。成就的源头是对人,对 the wholesome person(健全个体)的尊重和爱。这是《成就》最重要的观点。

这肯定不是流行的成功学,却是我们这个时代最需要的精神。让人信服的是这些看似"反潮流"的观点,来自商业上最成功的硅谷最前沿。

坎贝尔的成就见证了这一点。本书不是传统意义上的英雄传,坎贝尔的人生故事平淡无奇,但他却是真正意义上的传奇。书中提到的直接受惠于他的指导的人名单,几乎就是完整的硅谷名人录。这是英雄们对于布道者的赞歌。

这本书最大的价值并不在于坎贝尔的故事有多精彩,或者他提出了什么了不起的新管理理念。相反，他一生奉行的，只是视人为人，真正关心人，关心人的成长和价值，他陪伴过的创业英雄，都从他那儿汲取了爱和勇气，变得更为完整和纯粹，从而更坚定地创造价值。然而，在今天的商业社会，这样的常识已经被太多人遗忘。所以，坎贝尔的伟大正在于，坚守常识对他来说是如此平常和自然。伟大的平凡，平凡的伟大。

"要成为优秀的管理者，必须先得是优秀的教练。说到底，一个人的职位越高，他的成功就越取决于能否让别人取得成功。从本质上讲，这也恰恰是教练的责任。"坎贝尔的努力，重新诠释了教练的角色，将安全、清晰、重要性、可靠性和影响力植入了他指导的每一个团队。

坎贝尔为什么对硅谷的天才们有如此深远的影响？源于他对人的尊重，对常识的坚守，让天才们的创造力不致偏离对人和人性的思考和关注，不致失去敬畏心。

特别需要对不熟悉硅谷的中国读者指出的，是作者试图描述的坎贝尔的平常和自然。他和乔布斯经常散步的那几条街也是我天天散步的地方，他担任女子橄榄球队教练的高中，是我很多朋友的孩子们读书的地方，参加孩子们的各种课外活动本来就是硅谷家长们的日常。

在乔布斯和马斯克的高光背后，是一批类似坎贝尔这样的人构成了硅谷传奇的另一面。没有太多的波澜壮阔，却静水流深地滋润着一代代创业者，这是商业文明的底蕴。

中国经济毫无疑问在经历艰难的转型。但我相信，在隧道的那一头，肯定会有类似坎贝尔这样的人，肯定会有这样质朴而坚定的创业文化。那才是商业真正让人振奋的力量。平常心才是真正成熟的表现。

很遗憾，我没能亲身接受坎贝尔的教诲。但这本书我读了好几遍，至少让我部分感受了他的力量和魅力，高山仰止。斯人已去，但他的精神在延续。

这是一本让人耳目一新的书，也是当下我们最需要的一本书。回归人性，回归常识，不再把商业和活生生的人割裂，这才是智能时代需要的商业文明和智慧。

如何打造伟大的公司

吴军

硅谷投资人,《智能时代》作者

我非常有幸能够为施密特博士和罗森伯格的新书《成就》撰写序言,这是他们二人继《重新定义公司》之后的又一本力作。作为和两位作者有着 8 年工作交集的谷歌老兵,我读这本书倍感亲切。书中所描绘的场景我再熟悉不过了,但是当施密特和罗森伯格将那些企业管理之道中最精华的东西总结出来,我再重温一遍时,还是感到收获巨大。

施密特博士 2001 年到 2011 年担任谷歌的首席执行官,而我入职谷歌则是在他到谷歌的半年之后。那时谷歌正经历着从一家百人的小公司向世界 IT 产业巨头转变的过程,而我有幸经历了这个过程。在施密特到谷歌之前,它还只是一家技术领先、文化宽松、产品卓越的创业公司。当时公司员工的平均年龄不到 28 岁,绝大部分人都是第一次参加正式的工作,公司充满活力,发展迅速,营收也不错,但是那时绝没有能力挑战世界上那些巨无霸的企业,甚至在互联网行业里还要让雅虎三分。至于做事的规范性,更没有达到一家伟大公司应有的水准。施密特接手的是这样一家公司。到 2011 年施密特交出谷歌时,它已经是全球最有影响力的公司之一了,并且一度成为世界上市值最高的公司。可以讲,施密特之于谷歌,堪比安迪·格鲁夫之于英特尔。

那么,施密特是怎样将谷歌从一家小企业打造成世界上最成功、最有影响力的 IT 企业之一的呢?

首先,是培养大家做事的规范性。在 2001 年之前,谷歌发展良好,业绩增长很快,但这在很大程度上是靠早期员工的个人能力。我在《浪潮之巅》中介绍了很多谷歌早期的"超级英雄"。但是,当一家企业发展到几千人、上万人时,不可能再涌现那么高比例的"超级英雄",即使能做到,这些人的个性也会让那个大组织崩溃。施密特了不起的地方在于,他能够在延续谷歌早期文化的同时,对谷歌进行规范化的改造,让那些通过个人的偶然性的成功,变成必然性的结果。在施密特担任首席执行官期间,谷歌开发了 Adsense(基于网页内容的广告系统)、谷歌地图、谷歌文档(Docs)、谷歌翻译、无人驾驶汽车,并购了 YouTube 和安卓。正是这些持续成功,才让谷歌今天依然能傲视全球各大 IT 公司。

其次,是打造人才梯队,不断培养创新人才。这件事是由施密特和另外几位在 2001—2002 年进入谷歌的高级经理人一同完成的。在这些人中,特别要提的是施密特的直接下属,主管整个研发的尤斯塔斯博士和本书的另一位作者罗森伯格先生。在他们的共同努力下，谷歌为每一位员工设计了职业发展通道，并且由相关的专业人士和职业经理人指导。这使得谷歌成了 IT 行业的黄埔军校。今天在中国颇有影响力的小米、拼多多、创新工场和快手等企业，创始人或者联合创始人都来自谷歌。在硅谷，风险投资基金有这样的统计，从谷歌出来的创业者创业成功的概率，要远远高于行业的平均水平。相比之下，有些大企业虽然营收水平不错，但是在人才培养上却乏善可陈，难以成为伟大的企业。

谷歌对人才的培养不仅仅在专业技能和企业管理方面，而是全方位的。事实上，罗森伯格是我们的第一位投资导师，他还请来了威廉·夏普（诺贝尔经济学奖获得者）和马尔基尔（《漫步华尔街》的作者）等人给大家讲投资课。今天中美两国的不少风险投资人，最初系统地学习投资，都是在谷歌期间，虽然他们当时在谷歌的本职工作并不是投资。

最后，值得一提的是，施密特和罗森伯格都是谷歌全球化，特别是该公司进入中国的倡导者。2004 年，施密特了解了我的工作，大加赞赏并且直接推动谷歌进入中国开展业务。虽然当时最高管理层对此有分歧，但他和罗森伯格一直在积极推进此事，并且说服了其他高管，正式开设了在中国的业务。后来，施密特博士还多次直接和中国的运营商以及相关部门商谈合作的可能性。虽然今天谷歌在中国的业务并不大，但是施密特和罗森伯格等人的全球化眼光和只争朝夕的做法，确保了谷歌在全世界的影响力。我记得在内部会议上，施密特多次强调全球化的重要性。今天谷歌一大半的收入来自海外，施密特对此功不可没。此外，施密特也是最先倡导谷歌向移动互联网转型的人，我记得早在2004年，他就预言将来移动互联网的流量将超过PC互联网。

讲到这里大家可能有一个疑问，施密特和罗森伯格等人难道是天生的管理人才吗？他们在培养下属之前，自己是如何学习管理经验的？这就要讲到本书的主角，施密特和罗森伯格等人的导师比尔·坎贝尔了。事实上这本书的英文副标题"硅谷比尔的领导力手册"正反映了本书的内容。比尔·坎贝尔自己虽然也不是学管理出身的，但是他从多年的科技行业工作经验中，总结出信息时代和工业时代管理方法的不同之处，并且成功地影响了很多知名的商业巨子。除了谷歌的诸多高管外，还有苹果公司的创始人乔布斯和亚马逊公司的创始人贝佐斯。

坎贝尔的管理思想和人才培养方式有这样四个特色：

1. 强调在IT企业里规范管理的必要性

今天很多人觉得IT企业需要灵活性，管理要松散些，甚至觉得公司的组织架构越扁平越好。比如不少企业经常出现一个副总裁或者首席执行官下面有上百个直接汇报者的情况。这些看似灵活的管理方式，其实是管理不善的表现。除了公司在成长之后难以维持效率之外，对每一个员工的成长也不利。当谷歌从小公司变成中型公司的时候，很多人希望从单纯的工程师变成技术管理者，而他们当时最需要的不是有人再给他们传授更多的专业知识，而是有一个导师一样的管理者帮助他们全方位地成长。施密特、尤斯塔斯和罗森伯格来到谷歌之后，就为大家做了这件事。今天中国很多创业公司难以完成从小公司到中型公司的转变，管理水

如何打造伟大的公司 / 9

平跟不上业务的发展是至关重要的原因，那些创业者和管理者应该借鉴本书中的一些建议。

2. 强调 IT 企业管理和传统工业企业的差异

虽然 IT 企业需要管理，但是管理的方式绝不能和传统的工业企业一样，因为它们要管理的是知识型员工。那种只动口不动手的经理人，在 IT 企业中是没有存在的必要的，也是难以立足的。坎贝尔认为，IT 企业需要新型经理人，他们是通过下属对他们的信任，而非公司赋予的权威来管理团队的。在谷歌这样的企业，大量的管理者是技术专家，他们是通过自己对行业更深入的认识，让下属跟着他们走。就以施密特本人为例，外界很少知道他早年是 UNIX 操作系统的专家，也是该操作系统词法分析器软件 Lex 的作者，后来他当选了美国工程院院士。技术人员们在和施密特的交流中，永远不会有"和外行讲东西"的感觉，而是会觉得在和一个行业里有经验的老兵取经。

3. 强调服务型管理

坎贝尔强调管理是对下属提供服务。这一点我深有体会，我在谷歌的几个上级，包括阿米特·辛格、诺威格和尤斯塔斯等人，都一直强调他们是我的资源，需要什么尽管找他们。事实上我也是不断在利用他们的支持开展工作的。IT 企业管理者的任务，是协调好资源和各方面的关系，保证企业的业务以最快的速度、最好的结果发展，而不是炫耀自己的权力。

为了做到服务型管理，好的管理者必须成为好的倾听者，他们能全神贯注地倾听别人的意见，然后能够找出真正的问题所在，并且给出建议。

4. 强调管理者自身水平的提高和管理效率

坎贝尔认为每个管理者都需要学习并接受专业的培训，那些根据自己以往有限经验，自作聪明的人是无法胜任更高的领导岗位的。罗森伯格对此深有感触，并且在书里讲了一段他自己的经历。当一个管理者愿意放下架子学习，经过一段时间的锻炼，在管理能力上就会有质的飞跃。根据坎贝尔的看法，乔布斯在苹果的第一段经历说明他还不是一个合格的管理者。但是乔布斯经过后来近十年的学习和锻炼，终于脱胎换骨，成为全球最好的管理者之一。

管理者除了要不断提高自身水平外，还要讲究管理的效率，毕竟IT企业的管理者比例不应该很高。坎贝尔反对搞任何方式的形式主义，比如在做PPT时，不要搞一堆花里胡哨的东西，要有实质内容，要关注细节。

《成就》这本书对所有的管理者和知识型员工，都会有所启发。本书通俗易懂，由于是作者们根据亲身经历写成，很有代入感，我一口气读完全书，受益匪浅。因此，我郑重将此书推荐给广大的中国读者。

成就他人的管理智慧

李开复
创新工场董事长兼首席执行官

2019年初,当这本书的英文版 Trillion Dollar Coach 面世时,我就迫不及待地拜读了,并在推特上向朋友们做了推荐。感谢埃里克和乔纳森,他们的工作,让比尔·坎贝尔这位习惯隐身幕后的商业教练,能影响到更多杰出的企业家和商业管理者。

很高兴看到中文版的出版,让中国读者也能了解这位硅谷传奇教练的故事。比尔既是一位耐心的教练,也是一位真诚的朋友。

怀念比尔

与比尔的第一次交集,发生在我供职于苹果公司时。

当时我负责苹果公司语音识别项目的研究,受美国早间电视节目《早安美国》邀请,与苹果公司时任首席执行官约翰·斯卡利一起，演示我们最新开发的语音识别技术——Casper 语音助理。

演示进行得很顺利，更改字号，更改字体，打开/退出程序，设定日历……Casper 都在很短时间内根据人的语音指令完成操作。这台能够"给予回应"的计算机甚至让苹果的股票涨了两美元。

其实，搭载 Casper 的文字处理软件"MacWrite"，由苹果子公司 Claris 开发，而比尔就曾多年担任这家公司的首席执行官。

事实上，在斯卡利带着我去《早安美国》演示之前，比尔曾向我们表达了把语音识别技术加到 MacWrite 里面的愿望，并最终促成了这次成功的演示，这项技术也被加入后续更新的 MacWrite 产品中。

在这之后，我与比尔有过多次交集，但大部分情况下都是我向他求助。在我看来，比尔不仅是一位博学的老师，还善于帮别人化解难题。橄榄球队教练的背景，也让他有意愿帮助别人得到自信，做更好的自己。

我听过很多比尔与谷歌前首席执行官埃里克·施密特，以及比尔与谷歌创始人拉里·佩奇和谢尔盖·布林的故事，在这本书里都有忠实的记录。他与苹果公司创始人史蒂夫·乔布斯的友谊更是让人感慨。比尔既是乔布斯的朋友，也是他的老师，两人一直保持亲密的信任关系。乔布斯 1997 年回归苹果公司后，便邀请比尔加入董事会。比尔一共待了 17 年，于 2014 年卸任，是苹果董事会中任期最长的一位。

这位杰出的教练，不仅极富同情心和商业管理头脑，对商业、产品、战略有清晰的洞见，总是能够一针见血地指出问题所在，还拥有充沛的精力，以及愿意助人的品质。

2009年，我离开谷歌后创办了帮助中国年轻创业者的平台——创新工场。一位中国的创业者因为产品被苹果应用商店封杀而求助于我，我因此写了一封长信给比尔，希望他能帮忙。

当时正值美国的圣诞节假期，但比尔很快回信："开复，我会尽快处理这件事。假期期间有些困难……但我会尽力而为。"感谢比尔的帮助，这位中国创业者的产品最终成功解封。

比尔和我都曾在哥伦比亚大学读书，但他是早我20多年的学长。在哥大取得学士及硕士学位10年后，比尔回到学校担任橄榄球校队总教练，因此他对哥大怀有深厚的感情。

2005年，比尔当选哥伦比亚大学董事会主席。他非常勤奋负责，哥大凡有会议需要他，他都会飞到纽约，我们因此多次在哥大的活动上碰面。

有一次，比尔发电邮给我："开复，哥伦比亚大学想给你颁一个奖，我想和你谈谈这件事。早上可以给我打个电话吗？"

随后我们做了详细的电话沟通。2013年3月，哥伦比亚大学为我和另外4位杰出校友颁发了年度约翰·杰伊奖（John Jay Awards）。我虽然未能到现场领奖，但对比尔的细心和责任心至今仍心存感激。

2016年4月，比尔因癌症去世，享年75岁。在生命的最后几年，比尔一直和癌症抗争，但最终还是永远地离开了他的朋友们。他把一生的热情奉献给了最爱的商业教练事业，留下了"硅谷教练"的美名，度过了传奇的一生。怀念比尔！

朴素的管理哲学

商业教练在中国并不多见，在硅谷却非常普及，很多伟大的公司背后都有商业教练的身影。

这是因为，再优秀的管理者，也常常会有视野盲区和能力边界。更重要的是，一家公司的成功，并不仅仅依赖某一位超级英雄式的管理者，还需要强大的团队。因此，为了保证最好的训练效果，比尔指导的不仅仅是个人，更是整个团队。

作为团队指导的一部分，本书提到了谷歌独特的开会方式。在每周全员会议开始前，谷歌经常以"周末做了什么"环节为开场，两位创始人拉里·佩奇和谢尔盖·布林也会参与，类似风筝冲浪的逸事、极限健身的近况，经常能引起同事们的浓厚兴趣。这样的沟通策略，是比尔和埃里克一起改进的成果，目的在于创造有趣的工作环境，消除紧张的职场氛围，增进同事情谊。

这也是比尔作为商业教练最重要的理念之一——"人最重要"。人是所有公司成功的基础，而优秀的管理者懂得如何创造一种充满能量的环境，并通过支持、尊重和信任，帮助优秀的员工实现卓越和成长。

我非常认同比尔的理念。优秀的管理者不仅是因为头衔，更来自员工的认可。一位真正关心公司、关心员工的人，往往会获得职级之外的拥戴，这种能力就是我们常说的领导力。

在构成领导力的诸多要素中，同理心必不可少。作为企业管理者，最重要一点就是要尊重和信任员工们的想法和意见，能够设身处地、将心比心地沟通与共事。最优秀的人都希望被信任，只有在一个充满信任和支持的环境中，员工们才会发挥最大的创造力。

但领导力并非与生俱来，诸如"谦虚""执着""勇气"这些优秀的品质更多靠后天学习。希望年轻的读者们及早检视自我，更认清自己的长板短板，不断提高自己的领导力，或者寻找可帮助自己的领导力教练。

在比尔的管理哲学中，愿景和热爱是公司的核心和灵魂，他尤其敬重那些有勇气、有技能的初创企业创始人，因为他们每一天都面临巨大的困难，但仍然坚信自己无论如何都能成功。

我是比尔这一理念的忠实践行者。创新工场创办的初心，就是为了帮助有梦想的年轻创业者。在创新工场10周年生日那天，我在微博中写道：10年前的今天，创新工场成立。我们从天使投资到VC+AI工程院，从移动互联网到AI时代，从1 500万美元到20多亿美元，一直没有忘记我们的初心：真心帮助年轻创业者、坚持做技术型投资人、让中国创新得到世界尊重。

加入创新工场的同事们也抱有这样的愿景。在一次内部会议上，一位同事的分享特别让我动容。他说："其实世界上最伟大的一批人就是创业者。他们有自信，有理想，他们是有心改变世界，而且胆敢改变世界的人。人们有时候会认为他们是疯狂、偏执、天真的，但是只有他们真的能够改变世界。"

比尔的管理哲学并不深奥，有些甚至非常朴素，比如他始终关注人而非具体问题本身，为别人的成功欢呼，热爱团队，保持诚实和坦率。但困难的是，如何将这些理念日复一日地践行和传递。事实上，能做到这一点的人，无论从事哪个行业，都大概率会取得不俗的成就。

感谢比尔杰出的教练事业，让我们对人与商业有了更多的理解。比尔不仅是一位商业教练，某种程度上也是一位人生教练。他所坚持的商业管理原则，也适用于人际交往和日常生活，比如自律、热情、信任、尊重、勇敢。阅读本书，希望大家可以获得不同的感悟。

创业者与教练

孙陶然

拉卡拉集团创始人
昆仑堂体系型商学院创始人
《创业36条军规》《有效管理的5大兵法》作者

想当厨师的人都知道先上技校，想当医生的人都知道先报考医学院，因为大家知道，厨师和医生都是专业工种，是一门科学，需要学习才能够掌握，这是符合规律的。

但为什么很多人认为只要有钱就可以当老板，只要有冲动就可以创业呢？

实际上，创业也是一门科学，而且是需要知行合一的高深科学，需要得遇名师并且认真学习才可能掌握。对于创业者而言，如果能够接触到有真知灼见的书籍或者培训是非常幸运的，如果再能够遇到手把手教你的教练，那简直是"有如神助"。

创业是人世间最复杂的事情之一。以餐饮行业而论，当厨师只要会炒菜即可，而开餐馆需要的是融资、选址、招聘、管理、市场推广、政府关系等全系列技能，尤其是在中国，任何一个哪怕再小的创业都需要创业者十八般武艺样样精通，任何一个方面处理不当都会导致创业失败。

创业是从 0 到 1，无中生有，对于绝大多数创业者而言，创业都是人生第一次，没有经验，甚至无人可求助，因为他们的亲朋好友往往也没有创业经历。

久闻硅谷传奇教练比尔·坎贝尔的大名，他和苹果、谷歌、脸书、亚马逊等众多企业之间的传奇故事令人心旷神怡。也一直非常羡慕硅谷的创业者有企业"教练"相助。很多人认为，没有比尔·坎贝尔，就没有今天群星璀璨的硅谷高科技公司。比尔·坎贝尔是"单手创造硅谷奇迹的幕后英雄和秘密武器"，我完全相信这一点。

很多事都是难者不会，会者不难，好在近年来中国也开始有越来越多的成功企业家开始以多种形式教练创业者，有的用天使投资方式，有的用开办商学院、实验室方式传道授业解惑。

我一直认为，企业家回馈社会除了捐款之外还有两种好的方式：做天使投资或者传道授业解惑。我之所以创办昆仑堂体系型商学院也是出于同样的初心，希望联合一批立德、立功、立言的企业家，针对创业、企业经营和企业管理的 18 个问题，各自整理出一套理念、方法和工具，并由这些获得多次成功的企业家亲自传授给学员，让学员拿来可用、立竿见影地解决创业路上的问题。

值此《成就》一书上市之际，向坎贝尔先生致敬，推荐广大创业者阅读此书。

拜托，请给中国互联网公司快递一个"比尔"吧！

程明霞

连界创新与由新书店首席内容官
腾讯研究院"科技向善"项目顾问、前助理院长
《哈佛商业评论》中文版前副主编
《经济观察报》前高级编辑、《经济观察报·书评增刊》前主编

比尔是谁

他爱说脏话，但是从不会让人觉得他粗鲁。

他喜欢逢人就给个熊抱，即便对方，比如比尔·盖茨，并不喜欢这样的亲密举动。

他是乔布斯最信赖的同事与顾问。在乔布斯被赶出公司之时，他着急地大喊："我们得把史蒂夫留在公司，他太有才了，不能让他走！"在乔布斯重新回归苹果之后，他立刻回到乔布斯身边，在此后十余年里每周和乔布斯散步聊天，直到乔布斯生病卧床之

后，改成每天去探望。对了，他也是唯一一位敢不接乔布斯电话的人。

他中年以前的人生充满黯淡与遗憾。在无比热爱的橄榄球运动中，身为队员，他勇于拼搏，但是身体条件有限；身为教练，他关爱球员，但是执教的球队胜少败多。

直到中年时搬去硅谷，转战商场，他的人生才开始胜多败少，大放异彩：从苹果到财捷再到谷歌，无论是身为高管、首席执行官，还是创始人和高管团队的顾问与教练，他不仅屡次获得商业上的成功，也收获了整个硅谷的爱戴。

他极为低调，拒绝顶尖商学院教授写出他的故事与经验，坚持隐于幕后。

他叫比尔，比尔·坎贝尔。

你是不是跟我一样也没怎么听说过他？

但是，你一定跟我一样听说过出席他的葬礼的人：谷歌两位创始人拉里·佩奇与谢尔盖·布林、前首席执行官埃里克·施密特，亚马逊创始人贝佐斯，苹果公司首席执行官库克，脸书创始人扎克伯格与首席运营官桑德伯格，硅谷顶级投资人本·霍洛维茨和马克·安德里森。

你能否想象，有一个人，是马化腾、马云、李彦宏、王兴、张一鸣、黄铮、程维、刘强东、雷军、沈南鹏、李开复共同的顾问与教练？比尔在硅谷差不多就是这样一种存在。

有人说，参加你葬礼的人数不是取决于你的人品与成就，而是取决于那天是否下雨。比尔·坎贝尔的葬礼不仅集齐了硅谷巨头的大人物，还有大批来自东岸、他搬到加州之前的朋友与队友，共1000多人。我想这1000多人从全美各地赶来，大概不会仅仅因为那天加州的阿瑟顿市阳光明媚。

谷歌前首席执行官施密特和他的同事、谷歌前产品总监乔纳森·罗森伯格在葬礼上感慨不已。不仅因为对比尔的无尽怀念，还因为他们第一次意识到，陪伴和指导了他们15年的比尔帮助过的人、留下的精神遗产，远超他们的想象。

于是，两人决定写这本书，把比尔的特质、理念与做法，记录下来，流传下去。（没错，这两位作者的上一本杰作，就是那本"微信之父"张小龙向团队大力推荐的《重新定义公司：谷歌是如何运营的》。）

比尔为什么重要

虽然主角是一位如此鲜明饱满、富有成就的人物，但这并不是一本丰满的传记，也不是一部系统的硅谷管理理念，而是一本透过个人视角、基于真实场景的管理札记。说真的，它的故事性没那么强，也不是很系统化，内容显得略为松散与单薄。它像一只盘子，收集和盛满了硅谷最伟大、最受爱戴的顾问与教练，在不同人、不同事件、不同场景中的言行与理念。

我更愿意把这本书特殊的体例定义为场景管理学。虽然这些人、事情、场景是相互孤立的，但是比尔在其中的言行都一贯地生动、鲜明，意义重大，让人印象深刻、终生难忘；而当比尔的行为被两位作者认真收集、筛选、串联起来并呈现在这本书中时，比尔之于硅谷的意义就凸显出来。

这本书不仅是为了纪念比尔，也是致力于揭开与传承硅谷成功的另一面，即除去技术、商业模式、创新与增长之外的另一面：关于大公司内部的人与团队，关于聪明之外的善良与道德，关于数据与算法背后的爱与情感。

任何一种成功，尤其是持续的成功，都是一种复杂的系统性的成功。我们很容易看到那些外在的、显性的成功要素，但是会忽略底层与根基上一些同样重要甚至更重要的元素。

硅谷的成功也是如此。我们很容易看到，硅谷突破性的技术层出不穷、创新型的产品与商业模式前赴后继、巨无霸与独角兽不断涌现，但很难看到支撑这一切的背后的人与团队、文化与理念、创始人与高管们在公司管理上遭遇的巨大挑战、他们内心的各种挫败与挣扎。因为这一面的元素很难量化、显性化、结构化，它浸透在硅谷每一间会议室、每一次或大或小的冲突和决策当中。但正是在这些硅谷日常之中，包含着美国互联网公司成功的另一半的秘密。

在这本记录比尔的作为与理念的书中，两位作者从 80 余位被比尔指导过的硅谷高管那里收集到的种种场景，是如此丰富、生动，充满画面感与启发性，让人印象深刻、深为触动。它的含金量，并不亚于很多大部头传记或管理学著作。

为什么中国的互联网公司尤其需要"比尔"

读完这本书，我既被比尔的为人与做派深深打动，也被两位作者追忆比尔的那份深情所感染。但紧随而来的是一连串的疑问与担心：中国的互联网巨头背后，有没有这样一位"比尔"，在公司高速增长的同时，帮助创始人与核心高管不断优化团队管理与建设？中国互联网大佬们，会接受身边有这样一位"比尔"，长期贴身观察、指导、干预他们的决策，甚至教训他们愚蠢的行为吗？

中国的互联网公司实在是太需要一位（甚至一打）"比尔"了！

就在阅读本书之际，中国某科技公司的裁员事件正闹得沸沸扬扬。该事件被舆论关注与批判，不仅因为裁员过程粗糙与粗暴，更因为事件被曝光之后公司面对质疑时的回应与态度。其中流露出的傲慢与冷漠，让人对其深感失望。长期只关注技术、产品与增长，而忽略人、忽略员工的基本权利与需求，让一些公司的高速增长与惊人业绩，显得脆弱且不够道德。

而在这方面，硅谷的比尔与这本书，可以说来得恰如其时。

身处硅谷激烈的竞争当中，比尔也极度强调增长，强调运营效率，强调实现盈利目标，强调团队必须赢得胜利。但是，比尔更加强调，"人最重要""团队至上"，以及"胜之有道"。比尔也亲自经手了多次裁员，但是他协助公司高管们，把裁员这件事做得优雅且温暖。

书中专门有一节内容，标题为：有尊严地离开。

商业世界的裁员与解雇不可避免。但是比尔认为，裁员说明了公司管理的失败，而不是被解雇者的失败。因此，公司要让员工有尊严地离开。"如果你不得不让别人离开公司，那就慷慨大方地善待他们，赞扬他们曾经取得的成就。"书中也讲述了比尔高超的解雇沟通技巧——事实与研究都证明，善待离职员工对公司的士气与声誉极其重要。

裁员与解雇当然包含很多细致的技巧，比如沟通方式、补偿方案、解雇流程等等。但是更重要的是，这背后是一家公司价值观的体现：是否尊重员工，是否确保个体的权利不被剥夺。

除了在裁员与解雇这些职场高难问题上比尔的处理技巧非常值得学习，比尔还有很多地方极其打动人心，比如他对于公司创始人的推崇与爱护，比如他对职场杰出女性的提拔与扶持，比如他对职场低阶员工，例如总裁秘书的关心与帮助，都让人看到一个既非常聪明，又极度善良的职场高管榜样。

善良比聪明更重要。这句出自贝佐斯、被张小龙高度认可的话，已经成为中国互联网公司圈内一句尽人皆知的名言。但是《成就》这本书更近一步，它用丰富的场景和具体行为充分展示了什么是真正的聪明，以及如何去实践善良。对于中国互联网公司而言，比尔既是一个榜样，也是一面镜子。

这就是《成就》的价值与意义。

聪明人如何成功?

喻颖正

公众号"孤独大脑"作者,未来春藤 CEO

"你是否需要用世俗的成功来证明自己?"这是每个聪明人都曾经纠结过的事情。

聪明人总想着仗剑走天涯,无须去理会人世间那些琐碎无聊的事情,依然可以征服世界,成就斐然。但事实并非如此,即使被视为天才的谷歌创始人也不能例外。

谷歌的创始人之一拉里·佩奇说:"年少时,第一次考虑自己的未来时,我决心要么当个教授,要么创建自己的公司。我觉得,这两种职业都可以给我足够的自主权,让我自由地从基本物理原则出发思考问题,而不必去迎合那些所谓的'世俗智慧'。"

然而,真的可以绕开"世俗智慧",去取得"世俗成就"吗?

聪明人要取得世俗意义上的"成就",最缺的是什么?《成就》这本书,就是从与众不同的角度,来解答这个问题。假如你是个

"聪明人"，我推荐你看一看。

这本书的主角比尔·坎贝尔被誉为万亿美元教练，他曾经帮助很多顶级聪明人最终取得成功，其中就包括谷歌的创始人佩奇，以及苹果的创始人乔布斯。

他是如何做到的？聪明人可以从他的方法中收获什么？

《成就》讲述的是一个"硅谷最高机密"的故事。一个传奇的橄榄球教练，征服了世界上最聪明的一帮家伙，帮助创业公司成长为亿万级企业。

这本书给出了不少对创业者和管理者很有用的理念、工具和方法，你不妨在阅读中去自己发现。而我更想从另外一个角度，与你探讨《成就》一书所引发的思考，即聪明人为什么无法成功？

我在比尔·坎贝尔伟大的职业生涯中，发现了这一悬念的三个解答。

解答一：聪明人想要成功，必须学会榨干自己。

聪明人往往有很高的"峰值智慧"，用读书时候的话来说，就是别人不会的题他会做，但大家都会做的题，他反而会丢分。

比尔·坎贝尔打橄榄球时，个人条件非常有限，但他却能榨干自己的全部能量。所以，他不仅散发出极其耀眼的个人光芒，还激发了整个团队。

聪明人不愿意竭尽全力，一方面是因为"不愿意"，另一方面是因为"不能"。

不愿意，是因为聪明人总想让自己表现得举重若轻，认为

"玩儿命干"是笨蛋才做的事情。

不能，是因为榨干自己其实是另外一种天赋。

硅谷是个顶尖聪明人扎堆的地方。比尔·坎贝尔就像闯进瓷器店的大象，他毫不介意自己的"粗鲁"与"看起来不够聪明"，打碎了聪明家伙们的"不愿意"。

体育带给一个人的最大价值之一，就是提升"压榨力"。从橄榄球教练，到硅谷天才们的教练，比尔·坎贝尔探索出了某种模式，从生理和心理两个层面，让聪明人学会了如何榨取出自己的最大输出功率。

解答二：聪明人想要成功，必须构建"个人系统"。

比尔·坎贝尔在苹果公司有一段很长的光辉经历，他是乔布斯最信任的人之一。他曾经竭力反对董事会炒掉"浑蛋乔布斯"，又曾目睹乔布斯在脱胎换骨之后，重返苹果，创造出史诗般的复兴。

在这个过程中，比尔·坎贝尔发现了一个秘密：人们总以为"个人魅力"是很重要的领导力，而真相是，乔布斯直到成了优秀的经理人，才成为真正的领导者。

只有构建了"个人系统"，聪明人才有可能打破"聪明却无法成功"的诅咒，在商业上取得一番成就。

解答三：聪明人想要成功，必须实现"自身规模化"。

"自身规模化"，来自里德·霍夫曼的《闪电式扩张》一书。

当我们谈及乔布斯和马斯克时，总喜欢赞誉他们是罕见的天才。甚至有很多人认为，马斯克是现实版的钢铁侠，完全靠自学成为电动车和火箭专家。

事实上,马斯克更像是一个技术包工头,他靠吸引了一帮顶尖技术高手而创造了奇迹。

这同样是乔布斯的秘密。这位狂人认为苹果公司最重要的秘密之一,不是别的什么,而是组建了了不起的团队。

和人相处,绝非聪明人的强项。例如乔布斯和马斯克看起来都像个浑球儿,为什么他们能够吸引到一流人才为他们卖命呢?

个人魅力的东西我们学不来,但《成就》一书给出了比尔·坎贝尔关于团队打造的"最高机密",这些内容也是我作为一名二次创业者迫切想要学习的。

最后再说说比尔·坎贝尔最触动我的两点。一是聪明人必须摆脱"证明自己聪明"的执念,二是聪明人也可以做到热情、温暖、善良。

谷歌创始人佩奇与亚马逊创始人贝佐斯,在谈及比尔·坎贝尔时,都不约而同地用了相似的表达:他有敏锐的头脑和温暖的心。

用成就他人来成就自己,这句话很俗,但比尔·坎贝尔用充满爱和被爱的耀眼一生,践行了这一点。

高管教练是黏合剂和祛病师

吴晨
《经济学人·商论》执行总编辑

比尔·坎贝尔是乔布斯的老朋友。当年乔布斯被罢免时，坎贝尔是极少数为乔布斯说话的苹果高管，也因此赢得乔布斯终生的信任。在乔布斯重返苹果之后，坎贝尔一直是苹果董事会成员。更重要的是，坎贝尔是乔布斯值得信赖的顾问，二人几乎每个周末都一起慢走，他们习惯在行走中讨论问题。

不过，即使这么亲近，坎贝尔也有不接乔布斯电话的时候。橄榄球教练出身的坎贝尔，每年秋季周二、周四的下午都会到当地中学足球队给孩子们培训。熟悉他的人都知道，在这个时间段不要打电话找他，因为坎贝尔的原则之一就是做事要专注。即使是培训孩子们，他也很尽心，不愿意被打扰。当然，只有一个人例外。当电话响起的时候，坎贝尔会掏出手机，看一眼来电人的信息，展示给孩子们，然后按掉电话。那个打电话的人就是乔布斯。

在谷歌前首席执行官施密特（他曾和坎贝尔同时担任苹果董事）的笔下，坎贝尔是硅谷的一道景观，是很多管理者都乐于求教的好朋友，是充满人生智慧的导师。他们的回忆解读了什么是高管教练，以及为什么管理者需要好的教练。简言之，好的高管教练就是一个能够与乔布斯这样的首席执行官一起谈心探讨问题，同时又有自己的一套管理心法和原则的人。好的高管教练是黏合剂和解压阀，祛病师和诘问者。

高管教练到底为什么重要，尤其是在硅谷这样高科技公司聚集的地方？因为在这个牛人扎堆的地方，每个管理者都很强势，但是如何确保优秀的人组成一个团队从而更好地协作？如何确保每个人都有清醒的自我认知？如何确保领导者不被自己的自大误导，能够拥有大局观，以公司的长远利益为重？对于这一系列问题，高管教练作为局外人，反而会看得更透彻。

黏合剂和解压阀

坎贝尔有一个坚定的信念：团队比个人更重要。坎贝尔对高管教练的角色定义也很明确：高管教练不是去解决实际问题的，甚至不会参与到实际问题的讨论之中，因为高管教练并不比任何管理者更聪明、更专业或者更有经验，他们需要帮助管理者挖掘出团队中存在的问题，把团队的协作理顺了，团队才能更有效地去解决问题。当企业面临问题和挑战的时候，高管教练的最大贡献是成为团队的黏合剂和解压阀。

好的企业需要优秀的高管团队，而优秀的高管团队则需要高效的沟通。黏合剂作为高管教练的第一要义，就是要促进高管之间的高效沟通和全面沟通。坎贝尔曾经连续15年参加施密特组织的周一晨会，不是对产品或者战略做评价，而是确保团队沟通交流，确保任何的压力和分歧都能摆到桌面上被讨论、被化解。

沟通说起来容易，做起来却很难，光是教管理者如何开会的书就能摆满一书橱。开会最常见的问题是河马现象（Highest-Paid Person's Opinion，HIPPO），换句话说就是，开会只是走走形式，到最后总是那个工资最高的人（老板）说了算。如果河马现象占据主导，那么开会就是浪费大多数人的时间，也会打击参会者发言的积极性，因为很快参会的人就会意识到自己的观点根本不可能影响大局，久而久之也就没有人严肃对待开会这件事了。

作为黏合剂，高管教练最重要的角色是鼓励内部的沟通。越是大的企业、复杂的企业，信息就越多，没有哪个管理者能够掌握所有的信息。"重要的事情要说三遍"，需要确保在重要的高层会议上，每个人都能分享，确保高管团队中没有信息孤岛。

在与施密特团队每周的晨会中，坎贝尔不仅聆听每个人的发言，同时也在开会的过程中观察每个人的表情和姿态，特别是那些没有发言的人的反应，希望从他们的表情中发现一些他们隐藏的或者没有表达出的想法。坎贝尔的目的是帮助团队中的每个人查漏补缺，帮助大家解决沟通交流中存在的瑕疵、产生的小隔阂，消弭任何误解和沟通不足。然后才是推动团队不拖延，尽早解决棘手的问题。

坎贝尔给高管开会总结出了三个原则：第一，让每个人都能够更新信息，尤其是鼓励大家分享别人不知道的资讯；第二，引导讨论到合适的问题上去；第三，要做出决策。很多时候，决策正确与否还在其次，是否做出决策对管理团队更加至关重要。

坎贝尔另一个重要角色是CEO的私人顾问。作为CEO的顾问，高管教练最主要的工作是帮助他们识人、任人、用人，帮助CEO真正凝聚团队。

坎贝尔给谷歌CEO皮查伊的建议就很具代表性。他认为在CEO这个层级，领导者应该在考核人才、选择人才和培养人才上花最多的时间。CEO最重要的角色是搭班子，建团队，选择人才，并给予人才支持。坎贝尔的另一条建议也很简单：在搭建团队的时候，CEO应该选择能人或比自己更牛的人，而不是自己的吹捧者。牛人的标准很简单：在任何一个条线或者部门工作做得比CEO还得力的人。

还有一个不可回避的问题是内耗，而这恰恰是高效能人士组成的团队中经常存在的内部竞争带来的副产品。高管教练因此也需要扮演解压阀的角色，让每个人都能分享，包括释放怨气和不满，这能促进团队的融合，确保目标的一致性。当然，坎贝尔之所以一再强调团队的重要性，也是因为在节奏日益快速的环境中，高管的单打独斗很难保证长期的胜利，竞争考验的是团队的竞争。

祛病师和诘问者

坎贝尔很喜欢另一位橄榄球教练，即曾经执教达拉斯牛仔队29年并且赢得两次超级碗的汤姆·兰德利（Tom Landry）。兰德利对教练有自己的定义：教练就是那个告诉你你不愿听的话、让你看见你不愿意看见的缺点的人，这样才能让你成为那个你真正想成为的人。

兰德利教练的这番话堪称经典。唐太宗说过："以铜为镜，可以正衣冠；以史为镜，可以知兴替；以人为镜，可以明得失。"兰德利恰恰告诉你，教练——无论是球场的教练还是高管的教练——都是树人的一面镜子：忠言逆耳，正视缺点，目的就是帮助你成为那个你希望成为的人。每个人都有弱点和盲点，教练言你不愿听的话，指出你看不见的缺点，才能真正让你挖掘出自己全部的潜力。

换句话说，一个好的高管教练应该是管理者的祛病师和诘问者。

著名风险投资公司Andressen Horowitz的创始人本·霍洛维茨（Ben Horowitz）总结了坎贝尔作为一个高管教练给他的启发：坎贝尔不会告诉我该怎么做，但通过不断问问题，我就能越来越清楚到底问题出在哪儿了。从某种意义上，这与东西方文明中的对话出真知是一脉相承的。

在诘问的过程中一层一层剖析问题，帮助管理者找到盲点，走出自己的舒适区，是非常重要的工作方法，这一点与好莱坞著名制片人布莱恩·格雷泽（Brian Grazer）在《压榨式提问》（*A Curious Mind*）一书里介绍的工作方法有异曲同工之妙。《压榨式提问》强调作为一名高管保持开放心态的重要性。只有开放，才能拥抱多元，才能解决复杂问题，才能听取各方的专家经验，才能更好地应对未来的发展。好奇心是一套好的管理办法，是发问式的管理，而不是指挥式的管理，其重要前提之一就是每个人都有优势与盲点，问问题是更好地让信息流动的手段。在数字时代，保证信息更快流动，获得快速准确的反馈，是管理的核心。

一个好的对谈者很重要，高管教练恰恰可以扮演好的对谈者这一角色。好奇心对谈的精髓，就是能深入他人的世界，用他人的视角去看这个世界。因为每个人都生活在自己的世界、自己的圈层里，久而久之，很容易习惯自己的世界，越来越不容易质疑自己的视角。对于格雷泽而言，要拍出伟大且感人的作品，最重要的是能从全新的视角去观察，而这恰恰是好奇心对谈可以让人亲身感受到的。对谈可以让制片人走出自己的小圈子，也可以让管理者走出自己的舒适区。

高管教练作为对谈者还有两个优势：一是会倾听，不预设答案，不去想着如何回答的倾听很重要；二是局外人的视角，即所谓"不识庐山真面目，只缘身在此山中"。坎贝尔之所以能够在对谈中帮助管理者更清楚地剖析问题，恰恰因为他可以心无旁骛地倾听，且没有利益的纠葛，可以毫无顾忌地提出尖锐的问题。

当然，并不是每个管理者都是可塑之材。真正能够从高管教练身上汲取养分的管理者需要至少具备两种修养和品格：谦逊和真诚。

只有谦逊才能成为好的团队成员,因为不管高管有多牛,他的成功最终应该体现为企业的成功和团队的成功。真诚则是全面和充分沟通的基础,也是通过对话挖掘问题的前提。这两种品格也与霍洛维茨在他的新书 *What You Do Is Who You Are* 中所提倡的筛选人才的要求相契合。霍洛维茨在书中强调谦逊,因为谦逊能让人自省,让人虚心学习、不断学习,找到自己的盲点。

坎贝尔之所以能成为硅谷众多企业领导者的精神导师,正是因为他能够帮助他们激发出自己身上的潜能,这恐怕是高管教练的最高境界了。

在你的身边,有这样的高人吗?

是谁成就了硅谷巨头？
——一份送给幕后英雄的爱

申悦

360 产品总监，前 36 氪产品负责人

描写硅谷传奇的书，一向会给我很大震撼。前一阵刚拜读了打造谷歌地图的故事《谷歌方法》，最近这两天正在消化《史蒂夫·乔布斯传》。当我在为那些历尽艰辛，最终风光无限的创业明星感到心潮澎湃时，中信出版集团送来的这本《成就》，让我猛然间明白了一件事：一个优秀的人最终取得成功固然不易，但更值得尊敬的，是让聚光灯打在别人身上，帮助他人实现价值。《成就》一书中的比尔·坎贝尔就是这样一位"万亿美元教练"。

我对"比尔·坎贝尔"这个名字并不陌生，因为他也曾出现在《史蒂夫·乔布斯传》里。他的坚持促成了苹果公司那则著名的超级碗广告《1984》的播出，他也是少数一直支持乔布斯的苹果高管之一。但这本《成就》，让我重新认识到了这位从橄榄球教

练转行做销售员的男人的巨大影响力。

这本书的原名叫 *Trillion Dollar Coach: The Leadership Playbook of Silicon Valley'S Bill Campbell*，相比而言我更喜欢中信的译名《成就》。是的，尽管坎贝尔很伟大，但我们更应关注两位作者埃里克·施密特、乔纳森·罗森伯格想向我们传达的理念：要想有所成就，先成就他人，即成就自己。短短两个字，衍生出三重意思，甚是精妙。

书的翻译很顺畅，故事线也很好理解，根据作者对几十名受过比尔影响的人的采访，为我们还原出比尔的生平事迹、价值观和作者总结的方法论。当你阅读此书时，不仅能学习到"教练方法"对经营一家企业、组建一个团队的重要性，也会意识到身为一名高科技企业的管理者更应该关注什么。同时你也会发现，那些看起来功成名就的首席执行官、董事长，反而比其他人更孤独、更脆弱，更希望有人来指导他们。

书中提到的一些故事，尽管发生在早年的硅谷，却很像是我刚刚经历过的。想象一下你是否也遇到过这样的情况：

- 一位经理希望自己的团队为用户开发一款App，而另一位经理则认为应该由他的团队来做，到底应该听谁的？
- 工作了一段时间后，一直不知道自己的老板想要什么。
- 每次开例会，大家都是挨个汇报，心不在焉，看电脑玩手机，死气沉沉效率低。
- 团队里总有那么一两个"刺儿头"，不服管，但能力很强，要不要开掉他？
- 当下属让你做决策时，你应该直接下达命令吗？

……

类似的情况，比尔经历了很多，也给出了他的解决方案。我做产品8年了，虽没当过首席执行官，但也在中层管理岗上待过2年，深知管理是门大学问，也有过迷茫，组织建设这件事尤其让我头疼。但书中提到的一些原则都令我受益匪浅，以至恨不得也找到一位比尔这样的教练给我多一些职业上的指导和帮助，让我少走些弯路。比如：

- 信任是基石。
- 先解决团队问题，再解决问题本身。
- 人是所有公司成功的基础。每个经理的主要工作就是帮助下属在工作中更有效地成长和发展。
- 知道与谁分享和交流，知道该分享和交流什么，是管理者工作的重要组成部分。
- 基于"第一性原则"引领团队。
- 当大家变得消极的时候，你要从消极情绪里跳出来，要去解决问题。
- 想要关心别人，你先得懂得关心人。
- 最好的团队是心理安全感最强的团队，而心理安全感源于信任。

不过就像书中提到的，要想成为优秀的管理者和领导者，首先要成为一名优秀的教练。尤其在当今这个时代，技术已经渗透到各个行业以及消费者生活的很多方面，而且速度和创新变得至关重要，任何想要取得成功的公司，都必须将团队管理训练作为其文化的一部分，最终组建出一个能有效、高效工作的团队，并给团队成员充分发挥自己能力的资源和空间。正如我开篇提到的，成就团队，也就成就了自己。

总的来说，《成就》这本书带给我的，第一是认识了一位伟大的幕后英雄，第二是意识到了组织能力建设的重要性，第三则让我进一步对"商业教练技术"产生了兴趣。也希望你在读过这本书后，收获更多。